—— 跑到最后是飞翔 ——

RUNNING BRAVELY

跑到最后是飞翔

我的跑步生活

关雅荻 等◎著

江苏凤凰文艺出版社
JIANGSU PHOENIX LITERATURE AND ART PUBLISHING, LTD

目 录

C O N T E N T S

跑到最后是飞翔

CHAPTER ONE

01

北极圈马拉松

如果没有信仰，就把跑步当成信仰。

远方的目标在一点点临近，

我不再理睬外界的纷扰，

只专注于自己的每一点提高、

每一刻成长，

外界的一切已不能羁绊我的脚步，

我全身心地沉迷在生活馈赠的美好体验中，

在人生旅途中画出了一道道漂亮的轨迹。

作者简介

毛大庆

优客工场（中国）创始人，万科集团前高级副总裁。他通过跑步治愈了抑郁症。现在的毛大庆是狂热的马拉松爱好者，无论多忙，他都会抽时间参加全世界各地马拉松比赛。他还积极推广马拉松运动，2015 年成立“毛线团”公益跑团。

跑步治愈了我的抑郁症，跑步解救了我，跑步改变了我的人生。我经常说，如果没有信仰，就把跑步当成信仰。跑步是一件可以持续进行的事情，不是羽毛球、高尔夫球可以取代的，尤其马拉松更是哲学性的东西。人到了一定时候要问问能不能征服自己，这比征服他人、征服对手、征服世界来得更难。

跑马拉松现在是我最热衷的事，很多事情可以不做，但是马拉松我是肯定不会放弃的。当我开始跑步，在围绕周身的阵阵微风中洗濯与陶醉时，身心芜杂倦怠便全部卸下了，剩下的只有快乐和放松，那种愉悦真是我在做其他事情时从没体会过的。在身体慢慢适应了奔跑后，心里也不再有剧烈的迷惑，我终于理解了马拉松的终极奥义——它让我卸下那些日常的包袱，从痛苦中解脱出来，获得独属我的那一份奔跑的快感。远方的目标在一点点临近，我不再理睬外界的纷扰，只专注于自己的每一点提高、每一刻成长，外界的一切已不能羁绊我的脚步，我全身心地沉迷在生活馈赠的美好体验中，在人生旅途中画出了一道道漂亮的轨迹。

除了能从跑步中获得某种“禅宗”修行的意味，不得不惭愧地说，我跑步的原因有些功利。2012 年，因为巨大的工作压力和不健康的生活习惯，别人眼中乐观积极的我，居然患上严重的抑郁症，恐怕很多人都不能理解，我这种性格不像是会得抑郁症的。崔永元看上去也不太像是会得抑郁症的，我专门和他交流过，后来也找过大夫，医生说的种种都证实我确实得了抑郁症，还不那么轻。医生给我开了一口袋药，那些药盒上写的功能挺吓人的，都是治疗幻觉呀，恍惚啊……在将吃没吃这些药的时候，我认识了田老师，田老师就忽悠我，开始跑步。

田老师和万科结缘已久，从王石爬山开始。我知道田老师名字很久了，但是没见过这个人。第一次见，介绍人说这是管理咨询顾问，是跑马拉松的老同志。开始说管理咨询顾问，没当回事，一说跑马拉松的，我吓坏了，心中安慰自己跟我没啥关系。

听说田老师来给我们讲跑步，我从来没想过要跑步，心想该上哪讲哪讲去，把他弄来干吗？这时田老师已经进来了，就在办公室门口，我双手抱拳，失敬失敬！那会儿跑步跟我没啥关系，我正抑郁呢。

后来郁亮逼着我们跑，不跑不行啊，总经理不跑，别人会有意见。万科形式主义得厉害，总裁要跑，谁敢不跑？组织大家跑！别笑形式主义，形式主义带来许多好的东西。我得带头去跑，可我跑不动啊，为了应景，就找几个小孩陪着总裁跑；我不愿意跑啊，他们一跑，我就躲厕所里了，等他们跑回来，我再溜出来。

一来二去，我觉得这事想办法也躲不开。田老师就说，这跑步你跑跑试试，我心说我跑步就从来没及格过。我心里烦，天天都要跑项目、喝大酒、拿地。最初也是被田老师强行拽去奥林匹克森林公园跑步。

现在跟大家谈这件事情，关键是想说人很多时候不太认得清自己，也看不见自己另外存在的很多面，很多时候沉浸在一个非常窄的格局里，关于公司啊，奖金啊，拿地啊，房地产啊，政府调控啊等一些乱七八糟的事情中。

在我跑步之后，这些感觉一下都没了，现在我想这些事情的时候，感觉很轻松。慢慢地，我真的开始跑马拉松了。

2013 年 5 月 12 日，当地时间下午 2 点 13 分，我清楚地记得这个日子，因为在一周后，万科的郁亮成功登顶珠峰，完成了他 3 年来的梦想。而这一天，我在布拉格，顺利完成人生第一个全程 42.195 公里的国际马拉松。在前一年此时，我绝对想不到自己能有这样的“壮举”，甚至从未考

在我跑步之后，感觉很轻快。慢慢地，我真的开始跑马拉松了。

虑将跑完马拉松全程列入我的人生梦想。是一群跑友和伙伴让我爱上了这项考验耐力的运动。在这一年中，不管是工作日傍晚夕阳西下的朝阳公园，还是周六、周日迎着第一缕阳光的奥林匹克森林公园，跑步成了我生活的一部分，而 42.195 公里的距离，也随着内啡肽带来的一次次快感，悄然成为我的目标。

终于，在这座米兰·昆德拉的旷世之作《生命中不能承受之轻》中描绘的浪漫之都，在这座承载着波希米亚厚重历史的文化名城，在这座林立着巴洛克风格与哥特式建筑的千塔之堡，我实现了自己的一个极其特别的梦想。回忆起那个难忘的过程，最感人的不是完成比赛，而是我们同路的 6 个跑者间的相互鼓励。我特别感谢北京的知名跑者宋满丽大姐，正是她的全程助跑，让我在漫长的 5 个小时中不用再忍受寂寞的煎熬，可以静下心来慢慢感受；也正是她一路上的专业指导，使我更好地

调整节奏，更合理地分配体力，更加自如地应对跑步过程中心理和身体上的问题。在接近终点 1 公里的时候，她看我体力尚可，便开始鼓励我不用管她，可以冲刺到终点。我疑惑地问她为什么不一起冲刺呢，这时她才跟我道出实情——原来她路上有些中暑，在 35 公里处我休整喝水的时候她就躲在一旁吐了，为了不影响我的情绪，她坚持陪着我跑……

现在回想起来，还是满满的感动，感动一路相伴，使我从未想过停歇与放弃，过程中短暂的痛苦成了我最宝贵的财富；感动善意隐瞒，让我在临近终点的关键时刻心无旁骛；感动全程鼓励，让我用坚持与追逐，在静静流淌的伏尔塔瓦河河畔完成一次全新的超越。终点撞线的时候，没有预期中的精疲力竭，我觉得我还能跑个几公里。回过头看，真正坚持下来，依靠的决不仅仅是体力。

对跑者来说，首马是最难忘的，但在我定下“六大满贯”的目标后，大有“登东山而小鲁，登泰山而小天下”的意思，一般的马拉松我还真看不上，但是那次与女儿的北极马拉松之旅，让我知道了，居然还有这么有趣的马拉松！

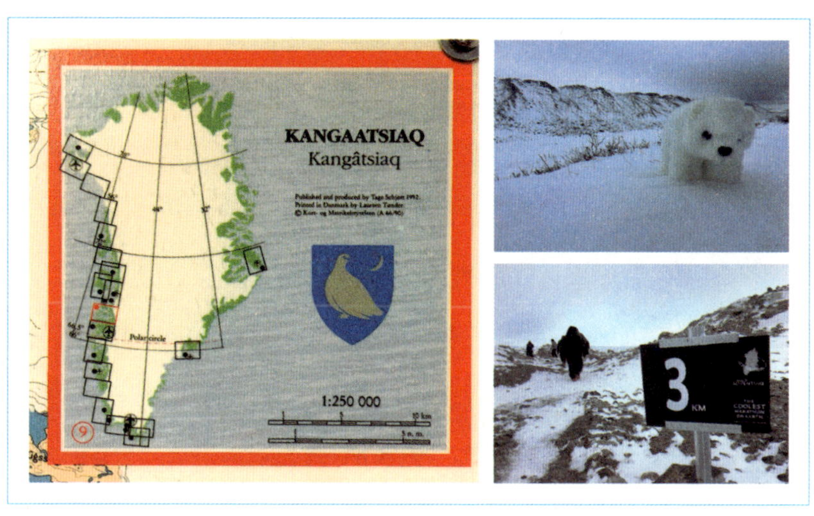

来到北极，我想到的却是自己的经历。2015 年初，我做了人生中一个重要决定，就是离开万科，重新创业。看着茫茫雪原，带着所有纪录片中得来的幻想，我找到了爱上马拉松的原因，一次又一次不同环境下的挑战成了伴随我飞逝的人生最好的伴侣，同时我也很清楚，这是没有回头路的状态了，创业的人生又何尝不是这样呢！虽然原来的工作圈子汇聚着许许多多优秀的人，和他们交流的时候，我总能感受到知识和智慧，着实令人很享受。但是慢慢地我也发现世界变得越来越小，甚至觉得我们这么一群人交流的就是整个世界了。当我跳了出来开始创业之后，我觉得世界又变得广阔无垠了。仔细想想，不是世界变小了，而是自己看世界的视角变窄了。以前在房地产行业工作的时候，每天就是拿地、设计、预算这些事，我自信可以干一辈子，而且可以干得很好。但现在，每天我身边都围绕着一帮非常有趣好玩的人，他们有着我从没有过的想法，做着我从没有做过的事情。他们无时无刻不在影响着我，让我每天都去了解最新的知识，扩展自己的眼界。现在这个时代发展得太快了，你一个不小心，就会被甩在后面，再也追不上了，你也就止步在那里了。我感觉紧跟时代的过程，就是丰富自己生活内容的过程。每天我都被一群有最新思维的人围绕着，自然我的生活内容也跟着丰富起来。

寒冷的风吹过，像绵细的针，刺穿衣服，刺入身体，让我感到由内而外的战栗，我原来还在北极。

挑战北极的念头来自于嘉 2014 年挑战“北极熊”成功后的记述。2014 年 10 月 25—26 日，在北极圈的格陵兰岛，零下数十摄氏度的极寒之地，CCTV5 主持人于嘉第一天参加半程马拉松，第二天参加全程马拉松，顺利完赛，成为首批跑完北极圈马拉松赢得北极熊奖牌的中国人。用脚步丈量天地的尽头，成为我阶段性的、朝思暮想的追求，但又时常觉得它是遥不可及的梦想。

于嘉 2014 年完赛后，对这一赛事有这样的描述：“对于大家提起北极所产生的美好印象——极光、北极熊、因纽特人冰屋……几乎统统没有，这里有的，就是 1992 年美军撤出岛时遗留的军事基地，还有一条

全世界独一无二、以路况泥泞恶劣而著称的试车道，以及在这里举行的北极熊挑战杯马拉松赛。之所以说是挑战杯而不是普通比赛，其一是因为环境之艰难：从起点开始最初的 7 公里，是奔跑在万年冰盖上，打滑度之高，必须佩着冰爪方可奔跑起来；跑出冰盖后，是绵延不绝的雪坡，而且风雪会突然袭来毫无征兆。如前所说，这里曾经是测试汽车轮胎最大承受极限的地方。其二便是这挑战杯最为残酷之处，比赛连续举行两天，第一天为半程马拉松，第二天为全程马拉松，在这两场比赛规定时间内连续完赛方可获得北极熊奖牌。所以虽然此项比赛已成功举办 13 次，但获得北极熊奖牌的总人数不足任何一次正规山地马拉松完赛者的一半。而在 2014 年之前，没有任何中国人乃至亚洲人完成北极熊挑战杯拿到奖牌……”于嘉及其余 5 名中国人在 2014 年 10 月成为这个赛事最早出现的亚洲和中国面孔。

我，循着他们的脚步，也来到了这里。

2015 年 10 月 24 日，我在早上乌黑的夜色下走出酒店，坐上由卡车改装的大巴，车载着裹得看不出面貌的一堆人向 40 公里外的起点驶去。一个小时过去了，天边露出鱼肚白，车子停在一个山坡上，我透过车窗看到不远处的冰川泛出幽蓝的光。

两根竹竿支着“START”标志，大家冻得连蹦带跳。下车不到 5 分钟，迎面走过来一个穿着海豹皮胖得如同北极熊的人，用大喇叭招呼大家迅速集合，比赛还有 5 分钟开始。紧接着，走过来一个拿着猎枪身形依然如同北极熊的人，向天开了一枪，比赛就这样开始了。

跑到 41 公里处的山顶，望着康克鲁斯瓦格机场周边唯一一个有人烟的、我们住的、也是终点所在的小村子，有一种从外星回到地球的感觉。离终点 800 米的时候，我超过一名澳大利亚选手，互相击掌后我向村子冲去。我女儿和先期到达的队友们在村口欢呼，伙伴们把国旗递给我，我和女儿拉着国旗冲过了终点并拥抱在一起。

42 公里，838 米爬升，27 次起伏。最后，我的心里就一句话：终于活着回来啦!

第二天，我又陪着女儿完成了她人生的第一个半马。

2015 年的北极圈马拉松，共 25 个国家 171 名跑者参加挑战，71 人摘得“北极熊”奖（男 49，女 22）。代表团中，英国人数第一，美国第二，中国第三。包括我在内的 8 个人获得“北极熊”奖。至此，中国人获得这一奖项的人数增加为 12 人。

离开格陵兰的早上，我一个人走在旅舍外的雪地上，任停顿的大脑寂静得如同四周的环境，心里给女儿写下一段话：陪你跑一场人生的马拉松，需并肩同步，不作让责，跑来从容但不纵容，信任却不放任，严谨但不严苛。

这次与女儿一起跑北极圈马拉松，是我最美好的回忆之一，这跟我后来完成“六大满贯”时的喜悦截然不同，但都在我的马拉松生涯中留下了最好的痕迹。

更幸运的是，来跑北极圈马拉松，我找到了创业和跑步的交集，让我能更加坚定地投入创业，也更加无畏地调整自己参加更多的马拉松赛事。

正如车尔尼雪夫斯基在《生活与美学》中所言：“任何东西，凡是显示出生活或使我们想起生活的，那就是美。”所以生活本身就是一种很高级的美学艺术。喜欢的电影可以看了又看，喜欢的歌曲可以单曲循环，但是每一个人生命中的每一分钟，每一种经历都是不可复制的，就是因为不能重新再来，所以生活才那么有魅力，人也更应该去想办法放弃那些沉重、枯燥的内容。生活也是一门艺术，既要努力奋斗，勇猛精进，也要有闲云野鹤般的恬淡心境。疏密有致，张弛有度，在生命有限的时间去玩儿一些更有趣的东西，让自己的生活更加精彩。

通过跑马拉松和创业，我觉得自己年轻了许多。现在大家都叫我“庆庆哥”，我非常喜欢这个称呼。每天接触着一群充满活力的年轻人，

我也被那种朝气感染，也变得年轻了。现在，我已经完成将近 50 次全程马拉松，优客工场（**UrWork**）也已经成立一年多，我的内心很充实。每天早上起床，我都充满能量，这是生活给我最好的馈赠，而将自己的生活打造得丰富而精彩，就是对生活艺术最好的践行。

CHAPTER TWO

02

402 公里，跑步比赛还是徒步探险？

我还能记起在赛道上看到的那些自然美景，
我还能回想起赛道上那些重要的拐弯，
我还会想象如果下次参赛，
会如何改进相应的策略。
我敢于做梦，
关于越野跑能力和如何达成目标的梦。

作者简介

布朗恩 · 鲍威尔（Bryon Powell）

全球超级马拉松和越野跑最有影响力的人物之一，irunfar.com 网站创始人，美国越野跑协会顾问。他还是一位经验丰富的教练，指导过众多跑者成功完成了超马比赛。他的书《一往无前：超级马拉松与越野跑指南》风靡国内跑圈，深受跑者推崇。

译 / 赵小钊　图 / 尼克 · 米兹克，布朗恩 · 鲍威尔

Bryon Powell 是《户外》杂志特约作者，本文（中文版）首次刊载在《户外》杂志。

2015 年 10 月 2 日，我完成了远在中国甘肃省境内举行的八百流沙极限赛——402 公里，自补给（除了饮水），自导航，穿越茫茫戈壁。实际完成比赛的过程，比预想中的要简单不少。不过，在比赛中，我依然要面对并忍受比过去参赛时更多的痛苦。

漫漫长路，娓娓道来。

首先要说明的是，长期以来，我对 300 公里以上的比赛并没有热情。我是说，这种比赛怎么能称之为“跑步比赛”，难道不更像是徒步探险活动吗？而且对那些打算跑着完成，上台领奖的参赛者来说，这不是自毁之举吗？我承认这种超长比赛依然不乏粉丝，我尊重他们的选择。但是我认为，竭尽全力去参加一场这样的比赛，并不适合我。如果参加，也许我更愿意把它变成非竞技性质的极限探险旅行，绝不会冒着“自伤”的风险去傻跑。但是现在，我完成了这个 402 公里的比赛，并且见证了

其他人顺利完赛，我的想法改变了。跑 300 公里或更远，也许不再是一件多么可怕的事；同时，在这种比赛中，真正能“一拼到底”的人，也比我想象的要少得多。人类的精神能够战胜许多严峻挑战，但是自我保护和避免自我伤害同样是保持健康的本能。精神力量对那些参加 300 公里比赛的人的作用，也许比对百英里（约 161 公里）跑者的作用更为明显。

第一天　路遇同胞，进入状态（0—103.6 公里）

还是来看看比赛吧。我的目标是享受中国之旅，同时注意身体，别把自己弄得太惨；我永远不会拼光体力——这是底线。比赛开始后，我就发现自己与另外一名跑者一起领先。我主动慢下来。跑了 1.6 公里，我发现自己落后两位领先者 50 米，而后他们就跑上了一条错路（我想把他们喊回来，但是没有成功）。我又处于领先位置，再次减速。幸运的是，我随后找到了通往最近打卡点的最短路线，不过，我发现一段无法越过的铁丝网横在途中。我沿着错误的方向，在起伏缓和的地面上走了大约 1 公里，才找到一个可以通行的豁口。我不再处于领先位置，可以按照自己的速度或是跟随别的跑者跑了。偶然间，我遇到了美国同胞，曾经 16 次参加美国著名艰苦赛事——硬石 100 英里（Hardrock 100 Mile Endurance Run）并 5 次夺得女子冠军的前空军中校贝西（Betsy Kalmeyer）医生。我们开始一起边跑边聊，保持步调一致。

除了能聊天，跟贝西一起跑，我还可以保持冷静，分散时间和距离导致的无聊感。后来，贝西还一度带着我跑得很快。我是一个有些内向的人，但与别人一起跑或者一起工作，依然可以让我受益多多。在自导航的同时，如果两个人能结伴观察和商议找路，也能少犯错、少绕道。

自导航的规则，以及赛道上超级开阔的视野，让我在第一天备感新奇。在午后的高温下，我和贝西可以按照“推荐路线”，也就是组委会提供的相邻导航路点之间的依次连线和偏角，在坑洼不平的荒漠上跑 8 公里。

不过，根据我赛前做的谷歌地图功课，在相邻打卡点[1]之间，都有蜿蜒曲折的简易道路。我们最终决定采取第二种方案，借助微弱的手机通信信号和手机地图导航，我们穿越了一个小镇和一片丰收的棉花地，没费额外力气就找到了打卡点。

晚些时候，我们离开了推荐路线，沿着一条高速公路跑了 8—10 公里。夜幕降临，我和贝西离开公路，跑向一座小山——我们需要穿越山岭。我们顺着山脚向西跑，沿着一条可能在宽阔河床上的路跑了大约 100 米，这也许是条近路。但我们竟然又绕回来了，反向跑了大约 1 公里，匆匆找到一条小旱河，带着疑惑沿河奔跑。渐渐地，我们发现小河的河道汇入了早先看到的大河，成了推荐路线的一部分。

〔1〕比赛有 23 个打卡点（检查站），只提供常温水。另有 10 个拥有加热宿营帐篷的休息站（也同时用于打卡），提供常温水和热水，参赛者的寄存包存放在这些休息站内。

第二天　状态低迷，进度有限（103.6—176.9 公里）

所有的努力都伴随着高峰与低谷。不过，在超长距离的耐力赛跑中，高峰和低谷会因为身心的极度疲惫而变得模糊。正因为如此，比赛过后两个月，我再次回顾比赛，才发现参赛第二天自己的状态何等低迷。经过近一夜的休整，我感受着紧张的臀屈肌，迈着无力的步子开始了第二天的征途。周围几乎一马平川，我跟在贝西身后，按照偏角导航的方向慢慢走了好久，权作热身。后来，我摘下耳机，不再听随身听里那些摇滚乐历史的讲座。沿着河畔的树林，我们跑得开心极了，但却一直找不到通往当天要经过的第一个检查站的简易道路。我们随后分头前进，我一连穿过好几块玉米地才找到检查站，真是太好玩了。在那里，我听到不确切的消息，有两个能说英语的跑者退赛了，这真是有些打击士气。过了几个小时，我们在另一个休息站见到了上述消息中提到的退赛者之一，中国香港的吴秀华（Janet NG）。她受了严重的膝伤，非常痛苦。究竟是继续跑还是正式宣布退赛，她自己也很纠结。

过了一两个小时，我才感觉体能有所恢复。在离开一个小排水沟后，我和贝西又走散了。她继续前进，我在原地花了20分钟时间喊话找她，然后才做出决定：在这种情况下，直接去最近的休息站，看看她是不是在那里；或者呼叫搜索队去找人（实际情况是她比我先到下一个休息站，然后继续前进）。比赛进行了一天半，遇到这种事，真是让我又害怕又担心：如果走散了怎么办？我和贝西聊了一路，居然没有谈过这个问题！我只好尽量不去想它，并努力在天黑前到达休息站。可事实上我还是忍不住琢磨纠结了好几个小时。我跑到一处河滩，这里有几条交汇的河流，过了河就是休息站。在夜晚，我独自在河水里跋涉，听到断断续续的敲打声。我不知道在戈壁河流中，这声音来自何方。我害怕，只能不顾一切地冲过去。在河对岸，我的小腿撞到了一块近乎直角的石头上，上半身突然向前摔倒。幸好我反应够快，没有结结实实地摔在地上。在这个强风吹拂的寒夜，我的风衣袖子和身体正面全湿透了。过了河，我依然觉得后怕。我发现腿摔伤了，好在伤处还不至于影响比赛期间的动作。（从比赛后的第二周开始，因为这处摔伤，我差不多有 6 周没跑步。）

第三天 探索寻“道”，心存敬畏（176.9—299.1 公里）

第三天清晨，经过在休息站几小时的休整，我们在狂风怒号中醒来。帐篷外是低温和暴雪的世界。我与同在帐篷里的贝西和贝诺特（Benoit Laval，法国极限跑者兼户外品牌 Raidlight 创始人）商议，在这种天气下，是该继续前进，还是等待天气好转；如果打算前进，又该怎么走。睡醒后一小时，我决定出发了，不过我打算迂回前进，因为如果按照组委会推荐的路线走，就得多次蹚水过河。正当我准备离开的时候，硬石 100 英里的赛事总监戴尔·加兰德（Dale Garland）走进帐篷——他受八百流沙极限赛组委会邀请担任赛事总监。加兰德通知大伙儿，比赛因天气原因中止，待天气好转或组委会研究调整线路后继续。我一心想赶路，就跟他解释下一个休息站就在比赛线路最高点（海拔 3500 米）的下方（海拔约 3300 米），在这么高的地方休息过夜可不是个好选择，因此最好能在天黑前赶到那里。我认为能请加兰德来当赛事总监真是太好了。我已

经吃了早饭，又钻进睡袋继续吃。在比赛中，我做的事情基本上就是吃、睡、跑的循环。又过了一小时，我们回到了赛道上，比赛继续。

经过一夜睡眠以及早上的临时休整，我感觉自己满血复活了。我又能冷静地参赛了，即使身边是贝诺特这个陌生的伙伴，我也能气定神闲地沿着积雪中的迂回路线前进，我们两人相互比拼，十分默契。我们跑的路线，大致是在推荐路线的基础上，多了一个垂直的U形拐弯。我知道可以穿过一片盆地，跑到公路，然后爬到一座矮山上，再回到公路，抵达休息站。我们从山上跑回公路时发现，如果沿着山下的电力线路跑，能够少走弯路……但是，我们并没有后悔最初的决定。当我和贝诺特进入休息站时，贝西已经到了。她比我们晚出站，但选择了位于河谷中的推荐路线。

从这个休息站开始，我们要在公路上跑一个马拉松的距离，沿着缓坡爬升到赛道的最高点。在我休息整理的时候，贝诺特和贝西就已经出站前进了。我沿着缓上坡慢跑，想走的时候就随性快走。我在高速公路上向前跑，稳扎稳打。

这时，我想到了我最喜欢的中国名著，凝聚道家思想的《庄子》(The Way of Chuang Tzu，译者：Thomas Merton)，我认为它和天主教经典有暗合之处。许多年前，我叔叔送给我一本《庄子》，它一直是我最喜欢的书。对我这个不信仰道教的人，书中的故事依然能引起我强烈的共鸣。我最喜欢的一篇是“庖丁解牛”。一个其貌不扬的厨师，能够极为娴熟地分解一头牛。他最初也在干活时遇到困惑，一味用蛮力却适得其反，还把刀弄钝了。不过，经过无数次反复练习后，他能够把牛的结构琢磨透彻，然后熟练地进行拆分。故事的后半部分鼓舞了我。参加这种比赛，根本没有必要着急，更不用去纠结分秒得失。我要做的就是一步一步地“吃”掉赛道，每过一个打卡点的距离，前方就少一个打卡点的距离。

我按照这样的比赛策略，不慌不忙地前进。清晨，白云飘散，气温回升。唯一能让我停下的就是在打卡点补充水，脱衣服，以及在右侧身上涂防晒霜。高海拔地区的太阳逐渐露出了真容，天气转暖，我边慢跑享受日光浴。

经过了第六休息站（221.5 公里）后，我们到达了赛道的最高点，

然后开始缓缓下降。从这里的转弯，直到终点的那座县城，几乎都是土路。在连续慢跑了差不多两天半以后，慢跑似乎成了一种机械的本能活动。我要做的就是找到能落脚的地方、能跑起来的线路，以及发现跑步路上的美景诱惑。傍晚时分，我和贝诺特结伴跑过一处草原下坡，广袤无垠的冲积带上缀满星星点点的草丛。夕阳亲吻着大地，给草丛镀上了绚丽的金色，与远处的紫色群山以及寒光闪闪的雪峰交相辉映。在接下来的许多天里，我都忘不了如此壮丽的景色。

魔幻光影的奇观没有转瞬即逝，而是持续了差不多 90 分钟或是更久。很幸运，在这段路上，我们只要沿着直观判断能通过吉普车的路去跑就好了，不必再去费心找路。这是一片干旱河道，流水的长期冲刷在大地上留下了深深的痕迹。

我在皎洁的月光下跑了一两个小时，在午夜时分前到达第七休息站（269.8 公里）。夜晚到达休息站，才算是完整的一天。我没有“刚性”的计划，但大原则是晚上尽量早进站，保证夜里休息。现在，我的腿感觉好极了，整个人有体能，有心情，更重要的是全无睡意。既然这样，我就继续赶路吧。

夜空中悬挂着一轮皓月。我离开休息站后，灭掉了头灯，想借助月光或星光，在未来几小时沿着这条干旱的河道，前往整个赛道的第二高点（海拔约 3200 米），现在真是这么做的最好时机。

这意味着，我需要战胜两种恐惧。我离开第六休息站没多久，就遇到了一大群散养的狗。这里有一些牧民，他们养狗看管羊群（这里经常可以看到有人生活的痕迹，比如小房子或帐篷）。在白天，我尚有勇气和自信从狗群旁边走过，尽管它们会对着我狂吠不止，甚至跟着我跑一段。如果在晚上见到一群狗，我还能保持勇敢和冷静吗？第二种恐惧来自黑暗。在伸手不见五指的夜色中，前方到底有什么？如果在欧洲或新西兰，我并不害怕一个人在野外过夜。但是在戈壁，或者美国的落基山区西部，我就会害怕。在完全陌生的戈壁滩上，以及附近的山野中，我愈发觉得心里没底儿。

感到恐惧的同时，我也找到了战胜恐惧的意义。比赛已经过去 3 天了，看似简单的“跑”已经成了惯性动作；伴随着夜跑时的好奇和享受，我继续前进。我顺着河道、荒原和水蚀山谷一路爬升，最后狂冲了几百米，直到山顶。我看到大约几十公里外或更远的地方，有一个灯火通明的城镇。这是从比赛开始以来，我第一次看到城镇。我觉得那就是终点，也许一天多后我就能到达那里。在漫长的八百里英雄路上，想到这里，我就有了自信和斗志。至少我能看到终点了。

翻过山，顺着陡峭、模糊和覆盖积雪的小道下山，小心翼翼地查找路线，直到踏上清晰的沙石河床，进入荒漠。“汪……汪……汪……”又传来一阵狗叫，远方闪着点点荧光——那是狗的眼睛在暗夜中的光亮。现在，我遇到了一群狗——不是在草甸上，而是在一个只能单向通过的山谷里。“你好！”……“你好！”我在山谷里高声呼喊，希望能引起人注意。这一带有一座简易板房——到早上，我才发现是两座，我都快吓傻了，希望赶紧来人对付这些狗。这期间，我都在谨慎安静地前进。狗依然叫个不停。有那么大约 3 分钟的时间，我感觉自己的心跳从正常

急速飙升。狗和羊群在一起，只要我不接近羊，它们就不会找我的麻烦。我继续下坡，直到跑进一片广袤的荒漠。

在经过一个打卡点后，我跑到了一个巨大的冲积扇地区，在蛮荒年代，这里曾经洪水滔天，地表被侵蚀出无数触手般的沟壑。我看到了下一个打卡点的灯光，不过，要到那儿可不容易——得在河水中穿行跋涉，越过一些很难穿越的沟壑。我试着走直线的短距离，但是失败了。我只好再次沿着河道行进，河道渐渐收窄成一条山谷，就像是我的家乡，美国犹他州莫波的常见地貌。我体内的“荒漠导航”本能被触发了，视线范围内没有挡路的山崖，我相信可以一路跑到谷底，从那里导航抵达第八休息站。过程很顺利，只是花的时间比预想的要久一些。我在日出前到休息站，吃了些东西，准备睡一觉，就像之前进入休息站那样。

第四天　结束征程，如愿封将（299.1—402.2 公里）

我打算睡六七小时，于是定好闹钟，找地方躺下。我只睡了一会儿，太阳就升起了，休息帐成了太阳能烤箱。我满身汗水醒来，又该吃早饭，继续赶路了。没有睡足原计划时长，但我感觉不错，为什么不趁着能跑动的时候抓紧时间跑？也许我在今天晚些时候就能完成比赛了呢。沿着河床一路下降，没有难度，我开心极了，除了个别时候需要手脚并用过高坡——有些爬坡只是为了好玩。然后，我到达赛前做功课时认为最难跑的一段路，没想到这段简直太容易了：全是平路，不难找落脚点，唯一的小问题是要在垂直山脊的方向跑大约 10 公里。我认定自己能完成，但是这段路多少有些影响斗志。由于长时间奔跑，我的脚反复摩擦，已经起泡了。阳光暴晒，温度升高，缺少饮水，让这 10 公里感觉无穷无尽。

哪怕听随身听讲“二战”东线战场的历史故事，也难提高我的情绪。

我终于过了旱河，在平路上跑了一公里，翻过一座小山，看到了紧挨着一条峡谷的打卡点。现在，我终于如释重负了。我对比赛未完成部分的理解，已经远远超过了预期，那就是我已经跑了 320 公里，只剩下 80 公里了。前面就是第九休息站、第十休息站，然后就是终点啦！我一定能完成的！（这时，我才第一次知道了自己的排名：总排名第三。既然在我心目中，八百流沙最初的定位就不是“竞赛”，那么对名次可以忽略，显然是越久越好。）

接下来的路依然不难。不到 2 公里的公路，然后就是佛窟下的河道。我在几十处佛窟的默默注视下跑过，然后跑进一片荒漠。太阳炙烤着我的身体，因为背着包，后背被闷得巨热无比，真是快要累死我了。

到了第九休息站，我打算只做短暂停留，继续前进。太阳很快落山了，如果我能料到接下来发生的事，也许就要重新考虑只在第九休息站进行短暂停留的决定了。按照比赛线路清单的描述，接下来的路线包括

2.5 公里戈壁滩、5.5 公里雅丹地貌（戈壁中的代表性风蚀地形，像是风吹雪地那样）、2.5 公里的沙漠，以及 6.2 公里的荒漠。前两部分尚在意料之中，落日余晖与上一次同样壮美。我完全沉浸在美景之中。然后，我突然发现自己置身在一片沙丘中。我在坐飞机前往甘肃的途中，从高空看到了无数的沙丘。但是踏上这里的沙丘，对我来说还是第一次。

我没有携带防沙套，倒是带着脚上的水疱，因此我在沙丘上走得又慢又痛苦。我停下几次，清理鞋里加剧了水疱疼痛的沙子。沙丘有几十厘米高的，也有几米高的。我开始迷失方向。手机 GPS 导航需要测量运动角度，因此我又不能跑得太慢。于是，我就只好依靠指南针临时辨别方向。几分钟后，我爬上一座沙丘，看到远方打卡点的灯光，找到了正确的方向。我那已经起满水疱的脚，踩在起伏不断的沙丘上，被沙子摩擦后更是疼得火烧火燎。

在沙丘上折腾了 2 公里多，我来到了一片起伏缓和、植被茂密的“荒漠”，这里也夹杂着一些矮矮的沙丘。到了打卡点，我就能看到第十休

息站，也就是最后一个休息站的灯光了。再跑 10 公里，我就能到那儿。过了那个休息站，就真正是胜利在望了。我更加信心满满。

接下来的 10 公里，是我跑步生涯中的最大考验。地面上没有可以正常跑步的连续落脚点。这里是一片盐碱地，里面还长着无数成堆的杂草。草堆之间的距离在 20—40 厘米之间。草堆之间是松软坑洼的盐碱土，只有个别地方能勉强放下脚。这里根本就没有能跑起来的路，能够连续前进几秒钟就已经很不容易了。唯一的对策是踩着草堆硬跑。

幸好，我还有足够的体力，能从一个草堆跑到下一个。每次连续前进 10 步、20 步或是 100 步。然后总得踩到松软土堆里。有时，当我一脚踩上去，脚下的土堆都会整个儿下陷。如果踩上草堆，低矮的草秆还会倒向一个方向。不论什么原因，每次踩空或是塌陷，落地时脚总要扭一下，抬起时脚总要被绊住。我都不记得有多少次这样的情形了。

既来之，则安之。我尽量让自己高兴。我发现自己会时不时地噘嘴，或者肌肉紧张。我在和痛苦斗争。我还要坚持多久，为什么要这么做？

我得振作起来，换个路线。我接受痛苦，因为现在这是难以避免的，同时，它只是暂时的，并且仅仅局限在局部生理层面。我的上半身依然可以活动自如，我还能缓和深呼吸。我会想到瑜伽式呼吸，虽然我还没有掌握要领。我知道，一定能走出这片被我和贝西称为“骆驼也不稀罕”的地方。在三天前，我们经过了同样的一片区域，想到用这个短语描述它。一旦结束了这一小段痛苦之旅，就距离胜利又近了一步。

当然，这并不是说我头脑僵化，或者跑得麻木迟钝了。我花了不少时间，也许比想的还要多，通过谷歌地图找能跑起来或是可以尽量减少痛苦的路线（手机终于又有信号了）。我找到一条偏离推荐路线 30 度，长度约为 1.6 公里的土路，希望能让脚少受点罪。

当我距离最后一个休息站——第十休息站越来越近的时候，道路也愈发平坦。时值午夜，除了脚疼，我身体的其他部位感觉良好。此刻，我希望尽快完赛，没有贪恋休息。在这场比赛中，我第一次跳过在休息

站大吃大喝的步骤，喝了点可乐，匆匆吃了点饼干，就跑向终点了。

感觉好极了！只剩 32 公里了！前 13 公里是沿着低矮山脊爬坡，根据以往的经验，对双脚还算“仁慈”。接下来就是路跑，或是平坦的石滩（不难跑），一路到终点。离开补给站后，我掏出电话，给远在莫波家中，通过网站查看赛事进度的女朋友希克斯（Meghan Hicks）打电话报平安。她告诉我，从时间上看，我与前边和后边的人的差距，都有几个小时。我可以安心享受剩下的里程，不用考虑争分夺秒。

从离开第十休息站直到完成比赛,我一直在思考人体的奇迹和潜能。我在过去的 4 天中跑了将近 370 多公里，并且还能继续跑。我现在可以慢慢小步跑上坡，或是加快速度跑平路。爬到坡顶，下降跑到底就更不是难事儿了。在我想走的时候，我也会每隔几分钟就溜达一段。走跑结合是现在最好的办法。

到了最后一个山口，我终于可以看到远方的县城了！我又看到了终点。只是这一次，它变得更加清晰。不管是走还是跑，再有几个小时，我就一定能完成了。破晓时分，我离开了倒数第二个打卡点。我欣喜若狂，用脚步撕碎暗夜，自由了！跑到这里，我觉得剩下的每一步距离都倍加珍贵。

之前的每一公里跑量积攒的兴奋，都在最后一个打卡点释放了！只要还能跑，我就坚持跑完每一步。我拿起随身携带的毛毛虫布玩具，给姐姐发了一条图片信息。我随身带着这个七八厘米长的小玩具，来提醒自己记得，要与两个小侄女玛雅（Maya）和诺拉（Norah）分享在世界各地的跑步与旅行经历。我激动得都快哭了，希望能够通过我的行动去鼓励她们，哪怕只有一点也好。

我跑上沿着水渠的土路，这段路直通终点。我试着给自己打气，虽然跑不快，但是还能跑起来。这是我的极限越野跑经历中最好的体验之一。在县城外围的棉花地旁边，我停下一两次，拉伸腿部肌肉作为自我保护。在跑了 400 公里后，腿反而成了我的弱点，我感到肌肉变得紧张。左转弯，我离开了棉田；紧接着右转弯，我踏上了一条公路。两位比赛工作人员站在这个路口，等候接应我。

本来，我希望独自完成最后的几公里，作为对之前跑 400 公里的致敬。但是有伙伴意外加入，那好吧，把他们也算作致敬的一部分。我依然跑得不紧不慢。这最后的一公里多，是我在整个比赛中跑得最快的一段。我会永远记得转弯跑进一座公园，然后顺着大理石步道和台阶加速冲向终点的瞬间！中国之行结识的许多新朋友，以及美国的老友戴尔都在那里守候欢迎我！我现在特别想与他们分享胜利时刻，这是永远的荣誉。我终于完成比赛了！

最心存感激的一年

八百流沙，给我的 2015 年比赛计划画上了圆满的句号。在这一年里，我见证了自己能力的再次提升，也给未来从事更艰险的探索之旅打下了基础。我不是山地探险家，但是我成功完成了 7 月在美国科罗拉多州举办的硬石 100 英里，并且几乎没有遭遇什么疲劳。在这场比赛前，我利用春季的几个月进行了训练——说明只要我用心去做，完全可以把训练量提高到我过去认为不可能的水平，不论是里程还是时间。9 月，一个朋友劝我去挪威登山，又是一次艰苦拉练。参加八百流沙，我发现不但可以维持“全日跑速度”（这是我在 10 多年前首次参加耐力跑时发现的），而且还能“在理论上”维持“一周跑速度”。只要给我吃喝，我觉得还能再跑上几天。

不论是硬石还是八百流沙，我的策略都是优先考虑完成，这是基础。当我在 7 月踏上硬石赛道时，我的目标是发挥出自己的潜力。如果我再跑一次八百流沙，我会花更多时间去做功课，认真老实地训练，看看自己的水平是否能有长进。今年参赛花了 4 天多时间，我不指望跑进 3 天，但是下次我想看看能否跑进 4 天，并在此基础上尽量接近 3 天。今年，我在实战中检验了关于极限荒漠赛的理论知识。将来，我希望能够直接应用这些经过检验的知识。

2015 年，我也在拼命寻找坚持跑步的动机。经过了硬石和八百流沙两个全新的难度挑战，我重新发现并获得了这种动机。2016 年的参赛计划，我会把重点放在如何保持探索自然和自身的热情，以及利用由此产生的动力。2015 年，是我跑得最开心，也是在跑步时最心存感激的一年。我保持了积极的意志。

青铜虎符

八百流沙已经落幕。但是，比赛中的那些人和场景，依然不时萦绕在我的脑中。我终日面对的电脑桌面图片，就是我在比赛中的第三天晚上，用随身携带的相机拍下的。

在电脑显示器下面，是八百流沙的特色完成奖品：虎符。这是中国古代军事将领获得皇帝命令，调兵作战的兵权象征：一对青铜虎符，帝王持有右半边，将领持有左半边。当帝王决定发起行动时，会把右半边虎符授予将领，二者合二为一，即为完整的发兵号令。在比赛开始前两天，组织者举行了一个授符仪式，每个参赛者获得左半个虎符。加兰德会在终点现场，把右半个发放给完成者，象征圆满归来。我把我的左半个虎符，放在第十休息站的装备包里，我在休息站拿上这半套虎符，背着它跑完最后 30 公里。得到一套完整的虎符，就是我的最低目标。现在，在晚上离开办公室之前，我都会把它们分开，分别放在显示器底座的两边。第二天一早，我会把写有当天待办事项的两张纸条，分别压在两块

虎符下，等完成所有事项后，再把它们左右合拢。只要它们还是左右分开的，就是在提醒我抓紧完成未尽工作事宜。

我的办工桌上，还有另一件出乎参赛者意料的纪念品，它同样来自八百流沙：一只手工雕刻的龙形酒杯（男女前三名每人一只，冠军的尺寸最大）。我也许不会经常拿它喝酒，但这却是我得到的最酷的奖品！来自中国的石制龙形仿古酒杯！还有更高大上的纪念品吗？

关于八百流沙的记忆还没完。当我关电脑下班回家后，我还会经常想起这场比赛，尤其是在晚上睡觉前。我还能记起在赛道上看到的那些自然美景。我还能回想起赛道上那些重要的拐弯，我还会想象如果下次参赛，会如何改进相应的策略。我敢于做梦，关于越野跑能力和如何达成目标的梦。

CHAPTER THREE

03

征服死亡之谷

还真有两个跑者发现我们，
其中一个人的手机信号很好，
帮我们呼叫救援后迅速离开。
另外一位留下来跟我一起等救援到来。
我们把杨源包得很紧实，
还抱住他以防保温毯被吹走。
时间在流逝……

作者简介

蔡晶晶

第一个完成UTMB和TDG的华人优秀女性跑者。曾任全球著名奢侈品时尚杂志《罗博报告》（Robb Report）新加坡时尚总监，被称为新加坡“时尚女魔头”。2013年巨人之旅比赛时，她陪伴身受重伤的中国跑者杨源的人道主义光辉的壮举在全球跑圈广受赞誉。

因为这场比赛的时间跨度太长，我不得不把赛记分开写，把每个大型补给站当间隔，讲述我在比赛中都遇到了什么。

每个大型补给站的间距大概是 50 公里，提供食物和可以休息的地方，还有医疗人员随时待命。每个大型补给站都可以寄存黄色的行李包，比赛开始之前，可以把自己需要的所有装备放进去，有人会帮忙送到各个大型补给站。我的行李包中装满了各种食物、一些衣服、电池和急救包，还有几双备用鞋。

我计划全程保持均匀配速，每个大型补给站休息 20 分钟，沿途再找补给站睡觉，最好总睡眠时间不超过 9 小时。早听朋友说大型补给站特别吵，因此我特意避开在那里睡觉。

在比赛开始前一段时间，因为工作很忙，身体状态没能调整到最好，不过我在精神上已经做好万全准备。经过教练的指导，我对完成这场比

开场充满阴郁的气氛。

天空放晴。

赛有信心。

我真的能应付 330 公里吗？比赛见了！

第 4 届巨人之旅的开场充满阴郁的气氛，连续两周晴天突然结束，骤降大雨。整个周六晚上雨下得淅淅沥沥，比赛开始前还没停。我起得很早，休息得非常好，对即将开始的比赛，甚至有些兴奋。外面空气潮湿，我的装备早已准备停当，信心满满地出发。共 706 名参赛选手在起点等待，主持人在台上介绍上届冠军，还有其他精英选手，当提到 Bruno Brunod 时，全场爆发出最热烈的欢呼。开场秀拖得有点久，拖到 10：30 才开跑。

最开始的 8 公里爬升，我用掉 2.5 小时，此时阻塞的人群渐渐散开。路上遇到 Janet 和她丈夫，他们是港百的赛事总监，刚刚完成 TDS 和 UTMB，我由衷佩服他们能再次挑战巨人之旅。胖胖熊也刚刚完成上周的 UTMB，看起来还是很强壮。我还遇到中国来的泰尼卡队，拍摄纪录片的团队跟在他们身后。雨一阵阵地下，因为气温变化，我中途几次停下来换衣服。

朝 Refugio Deffeyes 补给站方向去时，天气愈发冷了，开始下雹子，我到补给站时已是下午 6：30，在这里碰到在新加坡认识的日本摄影师 Sho，世界好小。

在往 Crosatie 走时，因为雨水太大，石头上又湿又滑，上坡的时候特别困难。到达山顶之前，风特别大，我能做的除了低头朝前走，只剩下默默祈祷自己的脚趾和手指不要被冻坏。最渴望的是有个补给站，进去待 10 分钟，喝杯热茶，暖暖身子。到山顶后，只看到山坡那端有一间塑料小屋，我决定继续前进！幸好山这边的风没那么大，下坡的路还算好走。

因为山上雾气浓重，加上岩石湿滑，我只得慢慢跑。从山顶下来不

我顺着他跌下去的位置寻找。

希望他一切安好。

到150米，我看到前面跑着一位选手，我正在考虑要不要超过去，他左转后便凭空消失在拐弯处，可能出事了！我赶快过去，站在坡顶朝下喊，想下去看看他的状况。我走到他跌下去的那个斜坡，发现那里特别陡，周围都是被水打湿的杂草，我能看到一对登山杖和一顶帽子在斜坡边上。此时此刻，我脑海里闪过无数念头。我一边大声呼叫，一边把他的登山杖拿回来，如果他受伤了，后面的比赛会需要登山杖。但是我够不到他的帽子，我大声呼喊救命，心里嘀咕着，意大利语的救命到底该怎么说？

我沿着比赛路线朝山下走，心想或许能发现他跌下去的位置。我听到山上有人大声叫喊，有经过的选手看到他跌落的位置了！我又折回去，看到5个并排走下来的选手，站在最后的是一名中国选手，我招呼他来帮忙，还有一名意大利跑者，我们仨顺着他跌落的斜坡往下走。

跌落的选手躺在斜坡底，他至少跌出 150 米。看他的意识还清醒，喉咙里发出痛苦呻吟，脑袋上有个大口子，血已把他身下的土壤浸湿。我们赶紧用保温毯裹住他，把他的头垫高。只有我的电话还有信号，我赶紧联系 SOS 急救。此时我才发现，那位中国选手不知什么时候已经离开。意大利选手说自己是医生，他告诉我不能移动这位受伤选手。我把电话递给意大利选手，由他来叫急救比较合适，毕竟我不会意大利语。

在这里等了一会儿，意大利医生也走了。我没责怪任何人的意思，幸好我的衣服还是干的，我不是太冷。估摸着从跌落开始，到现在已经有半个小时了。我开始胡思乱想，难道要在此地守整夜吗？他会好起来吗？我能做点什么呢？我能完赛吗？会有人来帮忙吗？我试着跟这位受伤的选手聊天，尽量不让他睡着。

一个小时已经过去，我知道了这个运气不好的选手叫杨源，从中国来，没有孩子也没有妻子，他自己来参加比赛。不能继续等下去了，我

需要帮忙，吹响急救哨，把头灯打成求救模式。因为我们不在赛道上，所以看不到赛道上的状况，但我估计从上面经过的参赛选手也很难发现我们，因为风大，我不知道哨声能传多远，不过闪烁的头灯可能会吸引别人的注意。

还真有两个跑者发现我们，其中一个人的手机信号很好，帮我们呼叫救援后迅速离开。另外一位留下来跟我一起等救援到来。我们把杨源包得很紧实，还抱住他以防保温毯被吹走。时间在流逝。

终于有人来，好像已经等了很久很久，我赶紧把杨源的情况告诉他们，救援人员对着无线电说了些什么，然后扭头走了，回来的时候是两个人，还有些工具。杨源在这停留一个多小时后，终于获救。他被装到帆布袋中运走，此时他意识还很清醒，还能扭动脖子。这让我觉得他应该没事儿。等这些救援人员把杨源抬到帐篷，我们终于可以继续比赛了。我从人群中离开，听到的最后的声音是："他真幸运，能被人发现，没睡着。"

我想，杨源应该没事儿。

我和一起陪杨源等救援的那位选手搭伴到第一个大型补给站

Valgrisenche。此时距离比赛开始已经过去 16 小时，看见 Steve 站在补给站门口，我重新回到现实，疲惫、恐惧、寒冷……所有感觉瞬间袭来。我从来没在比赛中距离危险和死亡如此近。

我跟 Steve 讲这个夜晚的经历，我继续遵循着计划，不在大型补给站睡觉，选择继续前进。当我重新走进黑暗时，感觉赛程已经过去很多，但我知道，不过才跑完 48.6 公里。挑战才刚刚开始。

从 Valgrisenche 离开时，我的双脚浸在湿透的鞋袜里，此刻最大的愿望就是换掉袜子。我步履蹒跚地上下颠簸着前进，终于看到远处 Chalet l’Epée 亮着灯。我原计划在这里睡 1 小时，当我兴冲冲地找到志愿者跟前，问他哪里可以睡觉时，他居然告诉我这里没有床。巨大的失落感让我窒息，感觉很糟糕，甚至有弃赛的想法。

我不想跟别的选手一样睡在椅子上，但我还是用头巾蒙着眼睛小睡了 30 分钟，把袜子和鞋子脱掉晾在边上，希望能快点干。等我出补给站时，太阳已经升起，依然冷得不像话，我看着初升太阳的红色光芒照射在山脊上，觉得自己恢复了不少，是时候向下一座山峰发起挑战了！

上午 9：30，距离比赛开始快 24 小时了。在补给站 Rhemes，我灌满水壶，准备迎接接下来的大段爬升。能在阳光下奔跑，是件很快乐的事。

下午 3：44，终于到达 Eaux Rousses，可乐、冰水、萨拉米香肠在等着我享用。天气越来越热，而接下来是连续 10.7 公里的爬升，直到赛道最高点 Col Loson。许多人都在讨论是不是立刻出发，赶在天完全黑下来前到山顶，因为上坡的道路太复杂，根本不适合夜里走。

上坡真费时间，因为刚才天气还很热，我把外套都脱了，但现在又不得不再穿上。我经过两个坐着休息的法国选手，我告诉他们最好在天黑前到山顶，否则可能会很危险。就在刚才，跟我共同经历昨晚杨源事故的泰尼卡中国成员经过我时说，杨源去世了！我离开时，种种迹象都令我相信，他肯定能脱离危险。我茫然失措，根本不知道怎么办，我能做的只剩下低头朝前走！

上坡太讨厌了！这让我想起参加 UTMB 的经历，上坡折磨得我丧失所有希望，能够爬到山顶吗？对此我没有丝毫信心。上坡时，我只能看到眼前几米的距离，根本不知道山顶在哪！向前迈着沉重的步伐，身体不再上抬，真不敢想象，我居然到山顶了！万幸的是，天还是亮的。

离下个补给站还有 4.35 公里，天已经完全黑下来，我沿着安全绳索慢慢向下移动。等我看到眼前补给站的灯光时，身体的寒冷仿佛立刻被驱散，我太想要一张床了。志愿者把我领到空床边，告诉我两个小时后会叫我起来，等我被叫醒时，觉得才过去两分钟，但我必须爬起来。

8 公里的下坡，我到达山脚。已经凌晨 3 点，看着远处的灯光，我以为那是 Cogne，但我高兴得太早了，这里距离 Cogne 还要走 30 分钟。等我到 Cogne 时，看到从中国来拍纪录片的剧组，他们在这儿等了很久。我告诉他们，他们要等的泰尼卡队员可能还在后边。我现在只想吃点东西，然后给头灯换上电池。

在 Cogne 只停留了 1 小时，我的双脚开始疼。

我离开 Cogne 时是 4：13，赛程已经过去了 3 天。接下来是连续 16 公里爬升，好在路不太陡。3 小时后，太阳还没出来，我就已经到山顶了。看着眼前土地堙没在黑暗中，我突然身体紧绷，可怕的想法进入我的脑海：接下来的 4 天，我根本没法扛过去。随后是 30 多公里的连续下坡，太好了！

在黑暗中奔跑，孤独且寒冷，唯一的希望是天快点亮。我的脚趾已被冻僵，水疱不再感觉到疼痛。我没在之前的补给站换掉湿透的袜子和鞋子，真是失误，很庆幸这里距离下个补给站没那么远。

我身处 Gran Paradiso 国家公园。天亮后，我循着大路铺展视线，就能看到国家公园的样子。这里到处是树。困顿朝我袭来，始终对我特别管用的咖啡因软糖此刻没多大提升效果。途中，我碰到一位身体左右摇摆的日本女选手，我给她一点咖啡因软糖，跟她聊一会儿天，希望吃了我的糖能“活”过来。

这里的地形很特别。杂草丛生，灌木林立，小路隐藏其间。我的速度越来越慢，虽然太阳已经升得老高，但因为在山阴面，气温总是升不起来。

我像背着沉重包袱的行者，缓慢移动。因为冷，还担心水疱恶化，我不得不在 Rifugio Sogno 稍作停留，却出乎意料地遇到比赛至今最热烈的欢迎，志愿者笑着给我端来热茶，我之前甚至不知道补给站还有热茶。柠檬茶又热又甜，根本没有酸味，可能是发现我皱着眉头，边上的意大利人赶紧去给我找柠檬。

比赛开始 30 小时，是时候处理水疱了。之前遇到的日本女选手和法国女选手也来到这里，我们在志愿者的欢呼中走出补给站，我能看到眼前的大坡以及远处的山顶，如果找准节奏，跑到山顶并不难。

到山顶的路程看起来简单，实际上很难。在快到补给站的时候，路边站着几个人朝我们喊叫，接下来就是 30 公里的下坡。我不再像开始那样，期盼接下来的比赛变简单些，我知道比赛只能越来越难，不能有侥幸心。

越下坡，路越宽，跟我去过的英格兰西南部路况很相似。天气瞬间

转好，我的状态也随之回升。沿途碰到一群牛挡在面前，我习惯生活在城市，哪见过这阵仗？幸好又遇到先前那位日本女选手，带着我穿过牛群。我看到她穿的Hoka跑鞋，很羡慕鞋底那么厚，真想把它偷过来，因为我的跑鞋每次踩到石子上脚都会特别疼。我们的速度很快，到补给站Rifugio Dondena后，我只逗留了一小会儿。接下来的坡变得更陡，因为是碎石路，我每走一步，脚都会刺痛。

我在补给站Chardonney遇到香港来的Barry，还有内地来的纪录片摄制组。

真是不情愿离开！但理智告诉我不能在这里待太久，Barry在我前面，可我却没有赶上去的冲动。我已经忘记周围的风景，全部精神都集中在对抗铺天盖地的疼痛上。终于到了补给站Pontboset，再次遇到Barry。虽然喝了可乐，吃了萨拉米香肠，我感觉好了很多，但想到接下来10公里的痛苦,我又变得很沮丧。我跟法国选手Stephane一起出发。

接下来的这段路还算平坦，Stephane始终跟在我的后边，我说:“你可以快点！”他回答说:“跟在你后边很省力啊！”瞬间，我感觉到肩上担负着责任，不自觉开始加速。我敢断定这是比赛到现在为止最舒服的一段路，虽然跟我保留体力的策略背道而驰。

我看了看手表，应该能提前到大型补给站Donnas，本应该提前告诉Steve，但竟然忘记了！等我到Donnas时，满心欢喜地想找Steve给我准备的冰淇淋，却突然想起，我没跟Steve说，我提前到了。

但没等我走到补给站占用的体育馆，就看见Steve朝我走来。他编了个表格程序，用我之前的速度推测我到沿途补给站的时间。他是怎么做到的？我不懂，只知道他是个天才。无论怎样，能再次见到他，

越野跑的乐趣就在于翻山越岭。

越野跑的乐趣也在于穿梭森林。

我很高兴。

谁说跑步能让人兴奋？这些话都骗人的。到 Donnas 时，已经是下午 4：15，黑夜再次降临！在补给站洗了热水澡，让我充满力量，瞬间觉得可以征服全世界。

最初的计划是坚决不在大型补给站睡觉，因为太吵了。但我还是决定在 Donnas 找张床睡一觉。我去楼上看，到处都是人，我等了 30 分钟才找到空位置。我告诉 Steve 两小时后叫醒我，但由于之前看朋友们的短信，还有等床位费了不少时间，当他叫醒我时，我只睡了 30 分钟。Steve 给我的背包里放了很多我喜欢吃的东西，我又吃了一盘吞拿鱼土豆沙拉，换了鞋子和袜子。晚上 9 点，我从 Donnas 出发，虽然在这待了 5 个小时，但休息的效率很低。距离下个补给站 Rifugio Coda 还有 18 公里，有个不大不小的上坡，新换了鞋子和袜子，我感觉好很多。

不过，赛程还未过半，我必须把 Donnas 浪费的时间追回来，到底能不能完成比赛？一切还都是未知数。

从 Donnas 出来是一段非常平缓的公路，我想抢回些时间，开始加速。在接下来到补给站 Perloz 的几公里，我跟两个意大利人搭伴前进。在离 Perloz 还有几百米的时候，看到远处站着一个小男孩，他手里拿着一个大号牛铃，跟他身形极不配，他使劲儿摇着牛铃。这幅画面给我留下很深印象。

从 Perloz 离开，寒冷、黑暗和累积的疲劳把我包围，距离下个补给点还有 7 公里，全是上坡。凌晨 2 点，我到达补给站 Etoile du Berger，躺在长凳上，用头巾遮住眼睛，嘱咐志愿者 20 分钟后叫醒我。志愿者告知我里边有空床，但我不想在到达 Coda 前“正式”睡觉。

醒来后，我继续前进，因为寒冷和疲劳，我走路时开始左右摇晃。

在到补给站 Coda 前两小时，我开始做“噩梦”，半昏迷着向前走。

接下来的路全是石头，路标也少，走着走着开始刮风，气温越来越低，路也越来越危险。因为溪水流过，石头又湿又滑，我摔倒好几次。虽然我已经很小心，但还是扭伤了大腿，只得坐在地上休息一会儿。但待在原地，并没有让我好受些，反而感觉身体越来越冷。我只得忍痛重新出发。

我像个喝醉的人，摇摇晃晃，困得没法睁开眼睛，双脚早已冻僵，我从未如此迫切地想到补给站休息。我并不知道自己是否能按照计划，如愿在 3：50 到补给站 Coda。

我在海拔 2200 米的山脊上，心里幻想着各种怪异场景，我该以什么理由退赛呢，体温过低，被山上的野兽咬伤，被羚羊顶下悬崖？我知道在这个比赛中，到山顶并不意味一定有补给站！果不其然，山顶什么都没有。我看远处灯光星点闪烁，还有那么远！我决定放弃比赛了，等到 Coda 就退出。

3：50 已经过去，还没看到 Coda 的影子。

当到达补给站 Coda 时，我几近号啕大哭。我看到灯下站着一个男人正在摇铃铛为选手加油，他带着我进了补给站。一群穿着志愿者衣服的老人迅速把我围住，端来柠檬茶，把我的登山杖从手上拿走，放在门口桌子下面。我给朋友发了消息，希望他转给 Steve，告诉 Steve 我现在的状况，不过我现在已经没力气关心这些事了！

我想睡一觉，朋友 Twinkly Eyes 带我到隔壁房间，他跟我说会在早上 7 点钟叫醒我。

我醒来的时候，已经是早上 7:20 了。Twinkly Eyes 居然没叫醒我！阳光穿过窗户，光束照在床上，真是个适合躺在床上喝茶的好日子，但

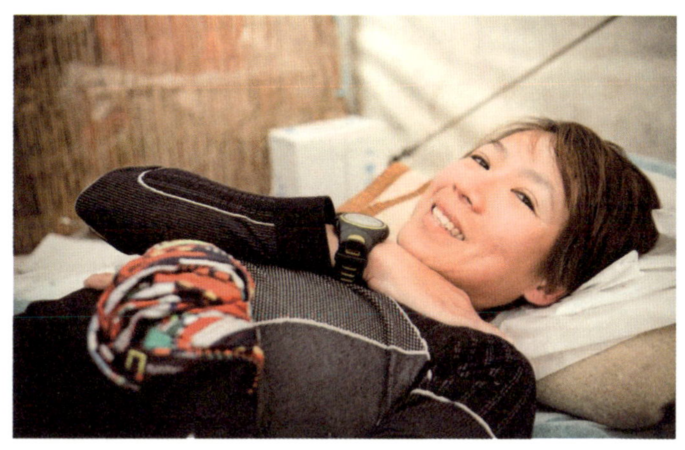

我却很着急，担心会在接下来的补给站被关门。我赶快穿上鞋，迷糊着走出房间，Twinkly Eyes 走过来跟我说话，我不知他为什么没叫醒我，让我多浪费了 20 分钟。但休息后，我的大腿和双脚没那么不舒服了。

我急匆匆地走出补给站，甚至连水都没喝上一口，Twinkly Eyes 用力拥抱和我告别，嘴里嘟囔着："Courmayeur 再见。"

我必须在中午 12 点前到补给站 Largo Vagno，否则我就会提前结束比赛。我早上 7:45 从 Coda 出发，也就是说，我必须在 4 小时内跑完 6.5 公里，我不知道接下来的路况怎样，只知道是一大段上坡和一小段下坡。

上午 9：30，我到达补给站 Largo Vagno，大腿和脚又开始疼了。

搭在河边的一座玻璃房子就是补给站 Lago Chiaro。我坐在椅子上喝着可乐，嘴里吃着熏肉片，看着河边的牛群吃草。3 天只睡了不到 4 小时，但我的双脚依然不自觉地想带我走向终点。

下一个补给站是 Crenna Dou Leui，巨人之旅许多宣传海报的背景图都是在这里取景的，我想拍几张照片，但根本提不起兴趣。我确定大腿已经拉伤，脑子只有继续跑下去的想法，除此以外，已经容不下其他东西。

等到了垭口边沿，看着陡峭得不像话的山坡，石块层层叠叠，仿佛看不到尽头。真不想继续走这样的路。但我只能靠自己，或者退回起点，或者继续前进，除此以外，别无选择。转过前面的拐角，是一座和补给站相同的玻璃小屋，我在里面灌满水瓶。

在我近乎绝望的时候，Steve 再次出现！他从补给站 Niel 徒步过来，想碰碰运气，看是否能遇到我。我跟他说 Twinkly Eyes 的事，以及他那能让我的大腿和双脚不那么疼的神奇柠檬茶、在玻璃小屋边上吃的熏牛肉、怪物似的石头，还有我的担心，担心拉伤的大腿可能没法坚持到最后。

到 Niel 这段路，比我想的还费时间。我停下来用绷带绑住大腿，但情况并未因此好转，我真的不知道最后能不能完成比赛。现在是下午 5：05，距离下个大型补给站 Gressoney 还有 13.5 公里，关门时间是第 2 天凌晨 1 点。

巨人之旅的路线，永远不会让人如愿。

先是 3 公里多的上坡，然后是 10 公里下坡，大腿越来越疼。这时，Steve 再次神奇地出现在赛道上，也就是说很快就能到补给站 Gressoney 了，因为身边站着熟悉的人，我好像也有劲了！晚上 10：16，我们到了 Gressoney，离关门时间还有 3 小时。

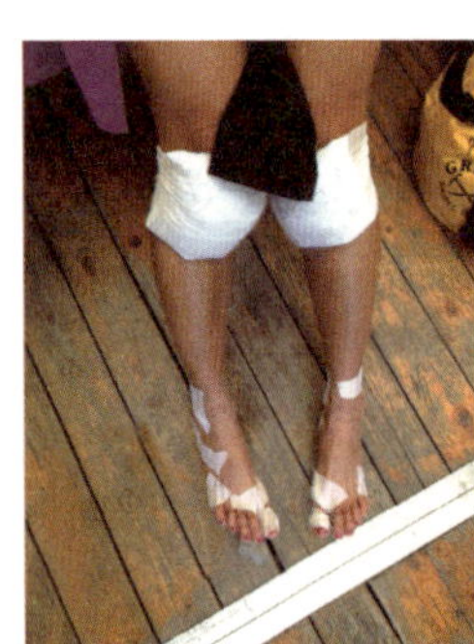

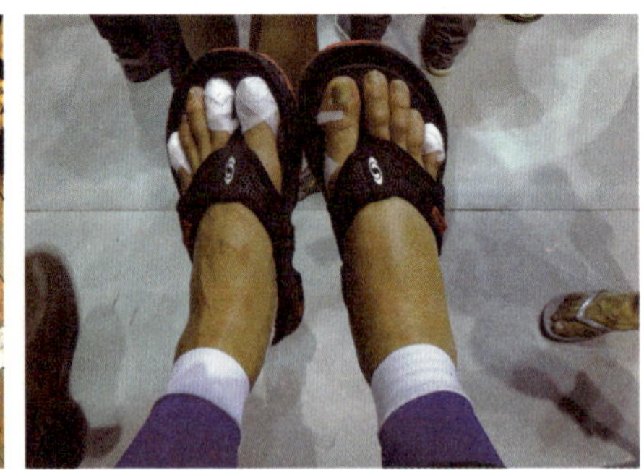

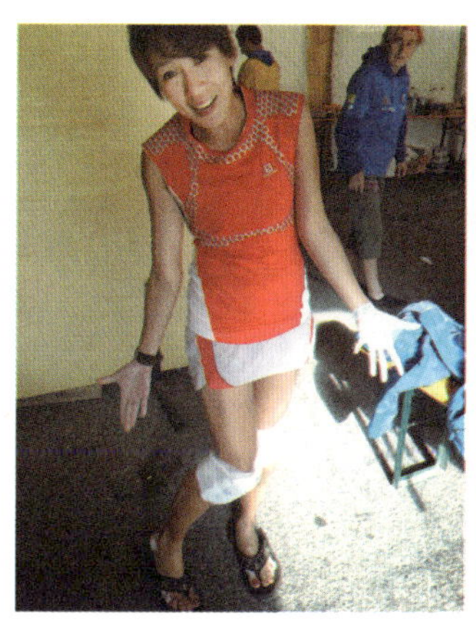

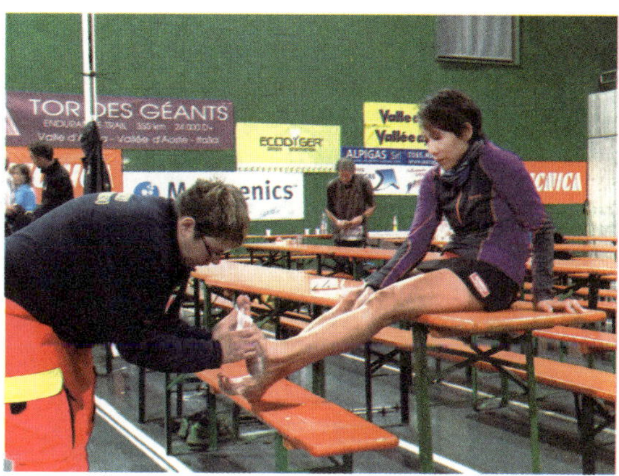

当我看到200公里标志时，如同暗夜旅人迎来黎明，剩下的130公里好像也没那么难了。比赛已经过去84小时，我从来没经历过如此长时间、长距离的奔跑。

在补给站Gressoney，我才注意到自己的左膝肿得厉害，几乎是右膝两倍大。我找按摩师帮忙检查大腿，他却对着我的膝盖摇头。不过他什么都没说，可能是昨天见过更严重的。

天气预报说晚上非常冷，我把所有能穿的装备都套在身上。晚上11：54，我离开Gressoney，7公里外的补给站Rifugio Alpenzu是我计划睡觉的地方。但踏出补给站那一刻，我才清醒地意识到130公里是多么漫长。

我很快就到了补给站Rifugio Alpenzu，志愿者说："你可以睡两小时。"

我睡得很轻，耳边突然响起小声的嘀咕，是刚才那位志愿者叫我起床。我看看时间才过去1小时，太莫名其妙了，我在楼下找到一张椅子，决定再睡1个小时。

蓝天、白云、高山、绿草见证选手跑过的路。

外边特别冷，但我必须出发。接下来的爬升很陡，在我周围看不到任何闪烁的头灯，只有我一个人和没有尽头的陡坡。等我到山顶时，太阳还没升起，下坡的技术难度很高，雾气落在石头上都已结冰，有几位日本选手追上我。我的双脚又开始疼了。

上午 10：37，我们一群亚洲选手聚在补给站 St.Jacques，还拍了照留念。我是最后出站的，最后一段通往大型补给站 Valtournenche 的 6 公里很艰难。我很享受跟这些人成群结队前进的感觉，甚至已经不在乎有多晒，也不在乎膝盖的伤。

下午 3：30，我到达大型补给站 Valtournenche，又看到 Steve 在那里等着我，感觉很好。

我的精神越来越好，在这个补给站只停留了两小时 20 分钟。太阳依旧耀眼，距离补给站 Rifugio Barmasse 还有 5 公里。

在去往补给站 Rifugio Barmasse 的路上，我还超了几个人。气温开始下降，我突然想起长袖上衣落在医疗包里了！

补给站 Barmasse 提供的饮食很温暖，我给自己倒了杯茶。坐在角落的德国人 Harald 告诉我最好趁天亮走，其他几个人也附和着。我问他能不能一起走，我想晚上有人做伴可能更好。我竟然落下最重要的保暖长袖！只能把剩下能穿的都套在身上。我又重新回到寒冷中。

有 Harald 陪着，一切还算顺利。天已经全黑了，困倦袭来，还好 Harald 始终在我后面。我尽力跟着前面的人，但体力早已透支。我在绝望中看到前面的小木屋，这是补给站 Vareton，这里有篝火，有食物和热茶。虽然我特别想睡觉，但志愿者告诉我 1 小时内都没有空余床位。Harald 要继续前进，我不想被他甩下，吃了点东西便跟了上去。到补给站 Reboulaz 前的 6 公里，已经从我的记忆中消失。我周围出现幻觉，岩石变成猫头鹰对着我眨眼，从石头里伸出人的胳膊冲我挥舞，还有尖厉的叫声。我没法判断前面闪烁的灯光是否真实，还好，这真是补给站 Reboulaz。小屋挤满选手和工作人员，我申请了几张床，这里只允许轮

流睡两小时。我几乎处于昏迷中。这个晚上，我经历了太多，倒在床上立刻昏睡过去！

睡梦中，我感觉有人拍我的脚，我不情愿地醒来。我旁边的 Harald 正挣扎着起床。我们喝了些热汤。我把包翻了个底朝天，期盼在某个隐蔽角落发现一件保暖衣。特殊时刻特殊办法，我站在长凳上，脱下外套和抓绒衣，将一条魔术头巾套在身上。炉子旁边的人看着我，好奇地问：“这是一条头巾？”

这次只有我和 Harald，当我们到补给站 Bivacco Clermont 时，我忍不住吃了片芝士。之所以之前忍着没吃，是因为我有乳糖不耐症。Harald 拍着我的肩膀说：“这一夜真难熬！”

天亮后，Harald 的膝盖出了问题，我们就此别过。到补给站 Ollomont 时，已经是下午 2：25，我跑完了 283.5 公里。看着补给站前的标志牌，我竟然产生了自己可

所有的经历和幻想在冲过终点的一刻，都化为前所未有的巨大满足。

能完成比赛的错觉！

出发！下一站，终点，Courmayeur！

离开补给站 Ollomont 时已经是星期五下午 4：45。在接下来一段下坡途中，我遇到了巨大的麻烦，双脚疼得厉害，每前进一步都颇受折磨，速度也随着疼痛开始慢下来。原以为能平稳完成的 50 公里，结果却是一场与疼痛的持续作战。如果完成前面 300 公里后意外退赛，那也太残酷了！为了能坚持完赛，我吃了一颗止疼药。

止疼药的效果很明显，但在距离补给站 Rifugio Bonatti 5.5 公里时，药效开始减退，膝盖和双脚习惯性的疼痛又回来了。终点就在距离补给站 Bonatti 的 12 公里处。我不断提醒自己能完赛！此时阳光明媚，我的心情更加坚定，哪里会顾得疼痛，我根本不在乎，即便要我跳着冲过终点，也无所谓了！

Courmayeur 就在眼前，我慢慢穿过小镇，享受着完成比赛前的安静时光，周围的欢呼声离我还很远。我踏上象征终点的红毯，145 个小时

38 分 29 秒，几乎没怎么睡觉，我曾经失落无比，无数次想过退赛，我也曾信心满满，在脑海中想着冲线时的辉煌，所有的经历和幻想在冲过终点的一刻，都化为前所未有的巨大满足，好在我完成了巨人之旅!

我以为我会哭，但是没有。我太兴奋了，傻笑了整整三天!

这次巨人之旅，我学到太多的东西，真是一段神奇时光。如果还有机会，也许我还会再来一次!

CHAPTER FOUR

04

巴伐利亚森林
661 公里穿越

警局查到了 Michael 的手机号码，
给他打电话：
“你们有个参赛者丢了背包，
一无所有，您啥时候过来把他带走？”
“可是我现在在 200 公里开外啊，
而且有别的参赛者需要照应……
这样吧，您把他关进看守所，
让他吃饱喝足睡好，晚上我再来接他……”

作者简介

胖胖熊

本名曹晋，昵称“胖胖熊”，横跨金融、法律、理工、文艺和运动界，清华男神，现在是挪威中央银行高级研究员。会讲段子，能写诗，精通摄影，以超长距离极限越野赛为生活调剂。他是侏罗山区 230 公里越野赛纪录创造者，北极 400 公里极限穿越赛唯一完赛的参赛者。

(一)661 公里

我的好朋友 Michael，是几年前英格兰—苏格兰 460 公里冬季山地穿越的队友，我们一同经历了 7 天 7 夜严寒、沼泽、暴风雪，几乎成了生死之交。

在某个阴郁寒冷的早晨，踩着没膝的冰碴和泥浆，穿越几乎望不到边的沼泽地，我们忍不住调侃起这个岛国来：

“Michael，回头我们自己搞个比赛吧，冬季穿越这个小岛所有的鬼地方，沼泽啦，山地啦，森林啦，统统算上，就叫 Tour de UK，怎么样？”

“好主意。我们不提供任何官方补给，参赛者自备所有物资：帐篷、睡袋、煤气炉、燃料、食品、衣物、急救药品、神龛……”

“神龛？要这玩意儿干吗？”

“有问题的时候祷告上帝啊。比赛开始的时候，给每个人身上挂一个 GPS，然后我们飞到 Mallorca（马略卡岛），去海滩上晒太阳，偶尔上上网，看看那些小点们的位置。电话设成自动应答：‘您所拨打的用户目前不在服务区。如果您在比赛中遇到任何困难，请耐心祈祷……’”

从英国回来之后，我很快就把这码事给忘掉了，然而那边，Michael 却已经实实在在地付诸行动了。不久，我收到他的一封信说，一年以后，他要搞一个欧洲距离最长的野外生存竞赛，地点已经找好，德国境内最长的一条徒步线路，巴伐利亚森林 661 公里的穿越路线。

这是欧洲境内环境最复杂的一条路线，穿越德国—捷克—奥地利边境广袤的森林地带，在德国称作“巴伐利亚森林”（Bayerischer Wald），而在捷克一侧，则称为“波希米亚森林”（Boehmerwald——还记得斯美塔那的《我的祖国》吗？）。一路上不仅有茂密的森林，还有陡峭的高山、大片的沼泽、无数湖泊河流、巨石密布的荒原、变化多端。拜数十年东西方冷战所赐，这一带人烟稀少，是棕熊、灰狼、鹿、山猫、狐狸的乐

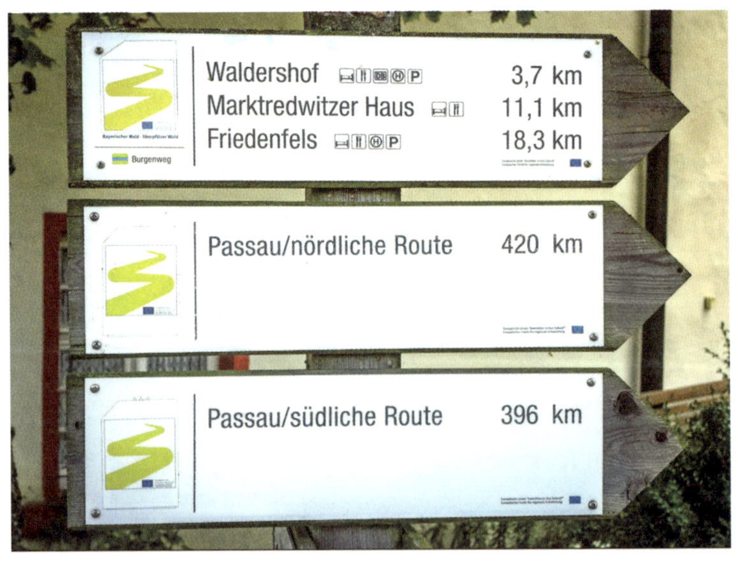

园；森林里的村庄，多数不过是七八栋房屋，三两户人家，甚至根本没有常住人口，几乎没有获得补给的可能性。

比赛不提供任何官方补给，因此绝大多数参赛者依靠自己的补给团队供给食物和饮水，以及休息的场所。以我自己的经验来看，如果没有外部补给的话，完成比赛是相当困难的：去年，我和西班牙两位欧洲顶尖的越野运动员一起跑，在前 500 公里处于领先位置，然而中间接连两天大雨，没有鞋袜可以换，结果从第五天开始，我的 10 个脚趾表皮全部磨掉，后来走路都困难，好几天生活不能自理。

这一年 9 月 24 日，来自世界各地的参赛者，从四面八方汇集到森林北部的小镇 Marktredwitz（马克特雷德维茨）。一出火车站，就看到日本人段浩二正在调校手里的两只 GPS，见到我，他一脸严肃地说："这次一定不会出问题了。"在欧洲和日本大大小小的比赛中，我见过他不下 10 次。老段跑起来的时候就像一架不知疲倦的机器，从第 1 公里跑到第 200 公里，速度几乎不变。他第一次来巴伐利亚森林，却低估了定位的难度。森林里，尤其是晚上，雾气弥漫，到处看起来都一样，小路又依稀难辨，一旦偏离，就会像迷宫一样深陷其中。

有一年老段只戴了只 Garmin 的 GPS 手表，当他跑到第 225 公里，全程最高峰 Grosser Arber 脚下时，特地看了看表，确认自己没有偏离比赛路线，然后才放心开跑。可惜这时候他跑错了路，绕着山整整跑了一圈，然而他并没有意识到错误，一圈跑下来之后，又看了看表，发现自己仍然在比赛路线上，于是乎继续前进——绕着山又跑了一圈。

花了一整天时间，绕着大山跑了两圈以后，老段终于崩溃了，打电话向 Michael 哭诉："你们这鬼地方，怎么这么多山……"后来他终于跑出山区，来到小村庄 Mauth（毛特），又饿又渴，跑到村里的杂货铺觅食。

老段不懂德语，英语也不怎么灵，从一堆饮料里随便捡了瓶大的，咕咚咕咚灌下去，没想到里面装的是葡萄酒，一瓶下肚，老段当场发起了酒疯。

（二）起跑

2014 年 9 月 25 日正午，比赛正式开始。天略微有点阴，气温 15 摄氏度，非常适合长跑。穿过 Marktredwitz 城外的大片农田，不久就进入了无边无际的森林里。

森林北部地势低洼，因此积水形成了一连串湖泊。与高山湖泊不同，森林湖水水体混浊，然而富有养分，因此盛产各种鱼类，渔业是这一带的重要产业，就连树上的路标，都是一条可爱的小鱼。气压有些低，只见一队队半米多长的鳟鱼在湖面翻滚，呼吸新鲜空气，卷起大片浪花。第 37 公里，经过森林中的小镇 Falkenberg（法尔肯贝里），城中央屹立

着中世纪的城堡，小城被无数河流湖泊环绕，仿佛漂浮在水面上。参赛者纷纷停下来，在自己的亲友团那里补充物资，为即将到来的夜晚做准备。我却一刻也没有停留，因为 12 公里开外的 Neuhaus（诺伊豪斯），有我的加油站。

Neuhaus 一带，出产一种极为稀少的啤酒，叫作 Zoigl，目前只有 7 家小作坊出产。Zoigl 的标志是一颗由两个等边三角形交叠成的六角星，其中一个三角形代表生产工艺的三元素：水、火和空气，另一个则代表啤酒的三种原料：大麦、啤酒花和酵母。首先，用森林里的松木生火，在铜锅里蒸煮麦芽，然后将麦芽汁倾入铜罐中进行底层发酵，两周后，不经过滤，直接把发酵罐搬到酒馆开卖。由于无法装瓶保存，所以只有到森林里才能喝到这种酒，而且限于产量，也不是每天都有供应——新鲜啤酒出炉的时候，酒馆门口会挂上六角星，只有这个时候，才可以喝到正宗的 Zoigl。

我到达 Neuhaus 的时候，正是夕阳西下，村头，一颗闪耀着金光的六角星，格外耀眼。我推开酒馆大门："老板，来杯 Zoigl。"吧台后面的胖子先是一怔，然后赶紧跑出来，一个熊抱，激动地说："兄弟，你去年这时候就来过这里吧？随便喝，都算我的。"

……

一轮明月从林中升起，在厚厚的落叶上，撒下斑驳的树影。晚上 9 点，路过林中湖畔的小屋，餐厅似乎还亮着灯。想到这也许是整晚最后一次补给的机会，我便走进去讨杯酒喝。几位老头老太太在餐桌旁聊天，我跟他们解释，有这么一群人，正在穿越整个巴伐利亚森林，目前大约完成了全程的 10%。一阵沉默过后，一位老太太跟身边的老头儿悄悄说："万万没想到啊，这家伙胖成那熊样，竟然是个搞长跑的……"

（三）啊，Fernando！

啊，那寂静的让人沉醉的月夜！

银色的月光，洒满大地，如白昼一般，照耀着静谧的湖泊，照耀着叮咚的山泉，照耀着森林里的村落。我索性关掉头灯，在那幽深的密林里穿行，微风拂过，涛声阵阵，犹如海浪一般，在天地间回响。

我正醉心于那宁静的月夜，突然间，迎面一盏明晃晃的头灯跑过来，站定仔细一看，原来是来自西班牙的参赛者 Fernando。

"你这是往哪里去？方向完全反了啊……"我说。

"怎么会这样？我明明是沿着 GPS 指示的路线在跑啊……"他大惑不解。我接过他的 GPS，一部黑白屏老式 Garmin，屏幕上只有路线，却没有地图，难怪他分不清东南西北。

我不明白他为什么不在 GPS 上加载地图——哪怕舍不得花钱买商

用地图，难道他不知道世界上还有开源地图这种东西吗？没有地图的GPS，就像运动手表一样，一旦偏离了路线，根本不知道如何纠正，只能在迷宫一样的森林里乱窜。

接下来的几天里，Fernando 就像挥之不去的噩梦一样，伴随我的左右。他是一位优秀的长跑运动员，跑起来像兔子一样快，我提议他和我一起跑，却被他礼貌地拒绝了——我的步速对他来说显然太慢。可是反过来，他几乎时刻都在迷路，像个无头苍蝇一样在森林里转圈——我猜，他如果完赛的话，至少要跑 800 公里。

有时候，我眼睁睁地看着他在对面的山头上，沿着一小片牧场，徒劳地打转；有时候，半夜里，路边灌木丛中寒光一闪，一个黑影蹿出来，咧嘴一笑，只露出一口白牙："嘿嘿，好像又跑错路了啊……"

Fernando 有自己的补给团队，他的两位好友和他的女朋友，开车在各大路口接应他。可是就连他们，也搞不清楚他的具体位置——森林里没有移动通信网络，手机根本打不通。好在每个参赛者身上都有个 GPS 示踪器，他们可以上网查看 Fernando 的位置。据他们说，Fernando

像自由电子一样，总是出现在一些匪夷所思的地方。每每路过村镇，总能见到他女朋友焦急地站在村头，见人就问："请问，您有没有见过我们家 Fernando？"

当夕阳挥洒在金色的落叶上，薄雾在林间慢慢升起的时候，第二个夜晚渐渐降临。第 180 公里 Herzogau 高地，Michael 从当地登山协会借来了林中的小屋，让我们这些没有补给团队的参赛者可以暂时歇歇脚。

我跟 Michael 讨了瓶啤酒，拿出登山包里整条的挪威 Lofoten 群岛原产鳕鱼干，一顿大嚼。这东西就像登山鞋底一样坚硬，营养丰富，尤其富含蛋白质，极其适合耐力运动。Michael 看着好奇，我便用刀斩下一块递给他，他使出吃奶的力气撕咬，竟然奈何不得它。

夜半时分，继续上路，刚好日本参赛者武石幸一到达小屋，一副踌躇满志的样子。武石君也是第二次参赛，第一次参赛跟老段一样，吃了定向的亏，在森林里迷失长达 37 个小时。他跌跌撞撞地走出森林，来到公路上，却发现路牌上的字一个也看不懂——原来他一口气跑到了捷克。附近村子里，没有人懂英语，饥寒交迫之下，武石君把钱包拍在村里面包房的柜台上，一声不吭地吃光了人家所有的蛋糕。

我跟他击掌加油，祝他一路顺利，然后奔向浓雾弥漫的密林。

据 Michael 说，我离开不久，武石君也信心满满地上了路——毕竟 180 公里下来，都没有迷路。然后，5 个小时过后，天刚蒙蒙亮，Michael 打算小睡一会儿，就在这时，只听见小屋外面一声哀号，窗户上出现了一张绝望到扭曲的脸。

没错，正是武石君。话说他夜半时分，哼着小调从小屋出发，却不知不觉跑岔了路。5 个小时之后，他绕山一周，又回到了小屋。

又一次经历重创，武石君几乎精神崩溃。据 Michael 说，他呆坐在窗前，思考了半个多小时人生，然后像红了眼的野兽一样，“咚咚咚”起身上路——手里紧攥着GPS，左右手腕上各多了一只Suunto GPS手表。

不得不说，经过两个晚上之后，要想保持头脑清醒，并不是那么简单。日本人吉本亮最后一个通过 Herzogau 小屋，精疲力竭，想要在小屋小睡一觉。可是这时 Michael 必须继续上路巡查比赛情况，于是就把小屋钥匙给他，告诉他，上路的时候锁好门，把钥匙投进门口的信箱里就好。

然后 Michael 下山，到村里的客栈喝咖啡去了。一杯咖啡还没喝完，就听见外面一阵喧闹，隔着窗玻璃一看，只见吉本君蓬头跣足远远跑来，一路哭喊着：“Michael 救我！”原来这位老兄在小屋吃饱喝足，打算睡觉前到门廊透透气，于是赤脚出门，随手锁了门，然后又随手把钥匙扔进了信箱……

天色微明，脚下的山坡愈加陡峭起来，第一缕阳光，穿透沉沉的黑

夜，从山间投射下来，在云雾缭绕的林中，形成一道道巨大的光柱。

面前是比赛路线上的第一座高山，**Hohenbogen**，只见脚下的路越来越窄，直到完全消失，山坡陡峭到几乎难以立足，视野里只有山顶斑驳的树影，指示着前进的方向。

到达山顶，我一身大汗，像是刚从水里捞出来一样。踩着厚厚的腐叶，以及冬天里被暴风雪压倒的横七竖八的大树，慢慢下降到幽深的河谷。河上的木桥边，有座林间小屋，刚刚开门，有母女二人正在打扫门前的桌椅。我上前向她们讨些吃的，二人转身进了厨房，不一会儿，变戏法一般端出一大盘火腿香肠冷拼，还有啤酒咖啡。

多么美好的早晨！我坐在初升的阳光里，享用丰盛的早餐，空气寒冷清澈，身旁水流潺潺，鸟儿放声歌唱，四处洋溢着生命的活力。

突然间，河边草丛里一阵窸窸窣窣，钻出个大活人来。

是 Fernando！

“Fernando！来一起吃早餐吧！”我招呼他。

“不、不、不……”他全身沾满露水，冻得直打哆嗦，“我、我、我迷路了整整一个晚上……”

他脸上的表情像是只精神崩溃的兔子，我猜，他一定在心里呐喊：“为什么，为什么我明明领先6个小时，结果这胖子竟然跑到了我的前面？”

他一步不停地往左边的小路跑去，我赶紧叫住他：“Fernando！错啦！路在右边！”

啊，Fernando！

（四）您把他关进看守所吧

说完了Fernando，我们冉来聊聊一年前另一位参赛者的故事，德国人Michael V.。

V兄在野外的原则是100%自给，因此登山包里除了塞满食品以外，还带了睡袋，晚上在森林里露宿。正因为登山包格外重，所以慢慢就落到了最后一名，跟他一起收尾的，是美国孩子Emilio。

某天傍晚时分，一阵大雨，把二人浇成了落汤鸡，夜幕降临，大雾弥漫，他们全身上下都在滴水。这时候，在一个路口，恰逢Emilio的母亲——伊驾车全程提供补给支援。小憩过后，老太太说，这样吧，离此地30公里有处客栈，你们把湿衣服给我，我开车去那里把衣服烤干。你们半夜会经过那里，有吃有喝，还有干衣服换，不是很好吗？

二人大喜，当即脱下湿漉漉的衣服，转念又一想，干脆把登山包也一起托运了，岂不是更轻松？于是顺手把背包——连同装在里面的钱包证件手机GPS，一同扔到车上。

卸下如此重负之后，二人一身轻松，刚一上路，Emilio便嫌大V

跑得太慢，于是就说，我先在前面跑，半夜在客栈会面好了，然后一路绝尘而去。

V 君两手空空，一路哼着歌，不紧不慢地踱着方步，夜半时分溜达到那家客栈，却只见大门紧闭，周围黑灯瞎火，连条狗都没有。

话说 Emilio 母亲开车到了客栈，吃了晚饭，又把衣服一件件在暖气上烤干，然后 Emilio 恰好赶到。此时夜已深，店里又没有别的客人，于是老板闭门谢客，打烊回家。Emilio 母子二人在门口，左等右等也等不来 V 君，于是他们把 V 君的衣物和背包装到一个大购物袋里，放在旅店门口，就继续赶路了。

待到 V 君赶到，只见四周黑灯瞎火，旅店门口只有一个大购物袋。可怜这老实孩子，以为那购物袋是别人落下的财物，都没敢打开看。那感觉，叫天天不应，叫地地不灵，V 君于是坐在自己的登山包旁边，思考了整整一个晚上人生。

等到天亮，有路人经过，V 君赶紧上前求救，路人便把他交给了警察叔叔。警局查到了 Michael 的手机号码，给他打电话："你们有个参赛者丢了背包，一无所有，您啥时候过来把他带走？"

"可是我现在在 200 公里开外啊，而且有别的参赛者需要照应……这样吧，您把他关进看守所，让他吃饱喝足睡好，晚上我再来接他……"

（五）呜……

如果说，比赛的前 200 公里只是热身的话，真正的挑战，在 200 公里之后才开始。随后的 60 公里，需要连续翻过 12 座海拔超过 1000 米的山，累计爬升高度，竟然超过 5000 米。这一带山势陡峭，形貌奇特，古树参天，

巨蟒一样的树根在岩石中间盘根错节，森林与高山仿佛浑然一体。山顶上，有时是一大块巨石伫立，如同天外飞来一般；有时是无数石柱参差，像是到了云南石林一样。

有时，整座山上的树木不明不白地全部死去，然而树干却仍然密密麻麻地立在那里，如同一副世界末日的景象。

第三次夜幕降临的时候，我终于登上了全程的最高峰，海拔 1455 米的 Grosser Arber。狂风大作，一轮满月刚刚升起，大片乌云突然涌上天空，霎时天地间漆黑一团，头灯的光线，仿佛瞬间被吞没。在那狼嚎一样的狂风里，我开始下降，脚下是一大片乱石滩，看不到尽头。

在这狂乱的暗夜里，我慢慢往下走到山谷，那里有一大片湖水，湖边的小屋早已关门歇业，只见一两栋黑洞洞的影子，像是鬼屋一样。旁边谷仓的门没有关严，狂风鬼哭狼嚎般地在林中掠过，撞击那门，发出一阵阵单调的声响，让人几乎忍不住要放声大哭。沿着峡谷中湍急的溪流，来到捷克边境的小村庄 Bayerisch Eisenstein，村头的小酒馆正要打

烊，我赶紧进去叫了杯酒，让伙计在厨房里搜罗了一大盘剩饭，像秋风扫落叶那般，一会儿便扫荡得一干二净。夜半时分，狂风终于停歇，我继续赶路。此时已是森林的核心地带，没有村庄，没有灯火，没有公路，只剩下无穷无尽的黑暗，仿佛时间都已经停止。天渐渐亮了，天空依旧阴沉，下午时分，经过森林里的小村庄 **Mauth**。村里有几家店铺，是一路上少有的几处可以获得补给的地方，然而林区的店铺，不仅营业时间短，中午还有午休。我赶在下午 4 点半，商店关门前半小时来到 **Mauth**，火速在药店买了葡萄糖，在杂货铺买了水和巧克力，然后在屠户家买了香肠，心满意足地上了路。

我沿着蜿蜒的小路登上山顶，发现山上的小屋竟然还在营业。进去吃了晚饭，又在长椅上迷糊了一觉，醒来一看，外面万籁俱寂，月光似水。

前方是一片绵延十几公里的沼泽地。好在雨水偏少，积水不像往年那么多，只要用登山杖小心探路，并不难通过。明亮的月光下，几乎看得清地图，根本不需要头灯。道路也开始变得平坦起来，月光从无尽的长路上投射过来，像是一条时间的隧道。

突然，在密林中，黑暗里传来一阵阵奇怪的声响：“呜——”如一声声低低的狮吼，亦如惊雷一般，在森林里回荡。

（六）老段，你方向搞反了

那声音一阵阵地回响，吓得我毛都要炸了。可是转念一想，欧洲不可能有狮子，狼嚎也不是这样，究竟是什么东西呢？

在明亮的月光下，透过依稀的树影，我发现林中有一小片空地，十几只鹿在那里过夜。一只高大的公鹿，听到我跑来，低吼着向同伴发出警报。

原来，所谓“呦呦鹿鸣”，竟然是这种声音！

夜空里没有一丝云彩，气温降到了 1 摄氏度，我把背包里所有的衣服都穿上，又用头巾裹了头脸，却还是冻得瑟瑟发抖，只好加快脚步，一路小跑。这时候，巨大的困意袭来，手脚都不怎么听使唤，我整个人像个醉汉一样在林中乱窜，好几次差点撞到树上。路渐渐陡峭起来，前方是德国、捷克、奥地利三国交界处的一座高山 Dreisessel，上山的路是一片巨大的沼泽，每一步踩下去，冰冷的泥浆瞬间吞没了整条小腿。

在一个寒冷的清晨，我爬到了 Dreisessel 峰顶。冰冷刺骨的空气里，衣服仿佛可以拧出水来，回头望去，无边的森林、山间的原野、星星点点的村落，在重重的浓雾里若隐若现。

Dreisessel 下山的那一面，是一片由巨石组成的乱石滩，德语名曰“石之海”（Steinernes Meer），大自然在那里无厘头地堆满了横七竖八的巨石，它们棱角分明，几乎难以落脚。待到走出这片雷区，我不由得长舒一口气。

在云雾缭绕的森林里，一轮红日懒洋洋地升起在晦暗的天空，密林中的小路，几乎完全无法分辨，我不知不觉中被夹到了两条山谷中央的激流之间，而 GPS 的路线，却是在这里转弯上山。仔细研究了一下地图，发现 500 米开外两条小河汇合的地方有道小水坝，于是跑过去，从水坝上爬到对岸，然后爬过陡峭的山坡上一道道朽木，总算爬到了山顶。

第五个白天，正午时分，离森林中央的小村庄 Sonnen（松嫩）越来越近了。Sonnen 有间杂货铺，这是一天时间里唯一一次获取补给的机会。赛前做计划的时候，我把 Sonnen 列为补给点，可是当我在中午 12 点半，冒着倾盆大雨赶到的时候，却发现杂货铺竟然有午休，要等到下午两点半才会开门，差点当场吐血。想到这里，我赶紧加快了步伐。不久，从茂密的森林中跑出来，Sonnen 出现在视野里，我突然看到路边有辆房车，再仔细一看，这不是 Fernando 的补给车吗？为什么里面一个人也没有？

就在这时，两个壮汉从灌木丛里架出一个张牙舞爪的家伙，身上挂满了蜘蛛网，全身上下粘满树叶——可怜的 Fernando，又迷路了！

差一刻 12 点的时候，我终于赶到了 Sonnen。公路两旁，稀稀拉拉地分布着几十户人家，中间一栋建筑，集中了一间商品合作社、一间储蓄所和一间邮局，这几乎就是乡村生活的全部。

我在杂货铺买了水、点心和肉肠，付款的时候，收银员一字一顿地用中文说道："我刚开始学中文，中国是世界的未来。"

"是因为我们人多吗？"

"对呀，多大的市场啊！你看，我们德国的大企业，整天紧张兮兮地盯着中国的 GDP 数据呢。"

我拎着一大口袋零食，在杂货铺门口坐下，灌了半瓶啤酒，吃了一大口士力架。我不知道，一个人要多么反人类，才可以发明出士力架这种腻歪东西：坚果碎混上糖浆，再粘上一层厚厚的可可粉，外面还要裹上一层巧克力。我努力啃着士力架，不由得想起了著名歌唱家邓丽君老师的名曲歪唱版：

"甜腻腻，你笑得甜腻腻，好像猪油浇蜂蜜，猪油浇蜂蜜……"

村里小教堂的钟声敲了 12 下，一对满头白发的老夫妻骑车迎面驶来，刚刚停稳，只听"哗啦"一声，杂货铺的卷帘门落下，关门歇业了。老太太见状，埋怨起老头子来："早上出门的时候，我叫你带午饭，你说可以在 Sonnen 买，没想到吧，人家有午休！"

我几乎迫不及待地当场向他们宣布，离开大路，向森林里走一公里，有家度假小屋，里面有间水准相当高的餐厅。

看着老头儿拉着老太太的手，欢欢喜喜地向林子里走去，我不由得一阵心酸：这都是之前积累的血泪经验啊！

比赛已经完成了 370 公里，路线开始下降到树木繁茂的河谷，这一带无数湍急的溪流上，过去曾经建有几十座磨坊，还有四通八达的铁路网络。后来这些磨坊相继关闭，只留下少数几座，改造成森林小屋，那些铁路线也被废弃，在随后的 30 多年里，慢慢淹没在这片绿色的海洋里。

在第四个夜晚，我来到森林最南端，德国与奥地利边境城市 Passau（帕绍）。三条大河，多瑙河、因河和伊尔茨河在此交汇，市中心位于三条河交汇的半岛上，四周则被河岸陡峭的小山环绕，夕阳西下，小山上的几座城堡相继燃起灯火，倒映在宽广的多瑙河上像一条彩色的飘带。

在 Passau 城郊，我遇到了在此巡视比赛进展的 Michael，跟他在酒馆里一起喝了杯酒。

“我今天做了两次救援工作呢，”他说，“还记得那两条河交汇的水坝吗？我在检查 GPS 示踪器的信号时，发现有个人，在那里跑了两个来回，然后转了一圈又一圈，最后，开始跑回头路。你猜是谁？”

“老段！”我几乎脱口而出。

“没错，就是他！我赶紧开车到附近的路口，远远看到老段跑过来，见到我，他高兴地喊：‘Michael，有没有啤酒？’我说：‘没有，你方向搞反了。’”Michael于是打算把老段用车带回出错的地方，老段以为要收容他，吓坏了，死活不上车。没办法，Michael只好下车跟他一起跑了十几公里，直到他回到正确的路线上。

Fernando

老段

（七）精神不正常

比赛已经进入了第五个夜晚。到这个时候，每个参赛者的精神都多多少少有点不大正常。在检查GPS返回的信号时，Michael突然发现，有个小点，离开比赛路线，跑到了一座300多米高的悬崖上，那是瑞士人Frank。

Michael以为是信号漂移，可是没想到，一个小时过去了，那个小点却跑到了悬崖更高的位置上。

Michael赶紧驾车赶过去，果

然看到有盏小灯挂在半山腰上。Michael 一路小跑登上山顶，只见 Frank 匍匐在陡坡上，艰难地爬上来，衣服上全是烂泥和树叶，见到 Michael，他兴奋地喊："Dieter，你是 Dieter 吗？"

"不是，我是 Michael！" Michael 使劲摇晃着 Frank 的肩膀，"你在干什么？"

Frank 低头仔细看了看 GPS："天哪，我怎么跑到这里来了？"

Michael 搀着几乎累到虚脱的 Frank 下山，让他在车里大睡了 3 个小时，然后又看着他高高兴兴地上路了。

（八）嘉碧，嘉碧……

离开 Passau，我踏上了伊尔茨河河谷中的小路。

伊尔茨河发源于森林深处，咆哮的水流穿过莽莽的密林，劈开重重小山，在 Passau 汇入多瑙河。明亮的月光，伴着我翻过河谷陡峭的山坡，穿过鹅卵石密布的河滩，越过峡谷中央奔腾的河水上的吊桥。夜半时分，我路过深山峡谷中的一座小村庄，村里有五六栋房屋，围成一圈，中间几块青石，一股山泉从石缝里涌出。

我关了头灯，把背包里的水袋灌满泉水，顺便啃两口点心。冷冷的月光洒满大地，只听见那潺潺的水流。

"嘉碧，嘉碧。"

在黑暗里，我听见有个苍老的男声，一遍又一遍，轻声呼唤着一个女人的名字。

在银色的月光下，一位白发苍苍的老人，站在我的面前。

"我在森林里游玩，刚好路过此地，喝点山泉水。"我说。

“喝吧，喝吧，”老人慢吞吞地说，“为什么这么晚，还在外面游玩？”

“您看这美妙的月光，怎教人不流连？”

“是啊，我的小猫咪也不知道去哪里玩耍了，到现在都还没有回家呢，”他一边蹒跚前行，一边轻声呼唤，“嘉碧，嘉碧……”不知道过了多久，天渐渐亮了，漫山红叶，一只小花狗在一尺多厚的落叶上打滚，见到我，摇着尾巴欢快地跑上前来。路边有座养马场，里面有十几只森林里特有的矮马，只有一米多高，额头上留着长长的刘海。旁边的农舍里，几只母鸡在咯咯咯地下蛋，3 只刚满月的小猫在追逐打闹。

我沿着那波涛汹涌的大河上溯，走过一座座吱呀作响的水磨，越过河岸上一个个陡峭的山坡。傍晚时分，来到了山谷中的小村庄 Lalling，第 500 公里。

上一次，我的两只脚磨得血肉模糊，不得不在这里退赛。在村里唯一一家客栈，老板给我做了美味的炸猪排，又安排我在客房休息，救命之恩，令人永生难忘。然而，在这茫茫的大森林里，客栈的生意极其艰难，除了暑期的假日以及隆冬的滑雪季，平时极少有访客，即便是这样方圆几十公里唯一的一家客栈，也几乎处于破产的边缘。两周前，大批中东难民涌入德国，无处安置，因此拜仁州政府租下了整个客栈，用作难民的临时住所，客栈也得以依靠补贴，勉强维持运营。

时间尚早，客栈的厨房尚未开伙，我跟老板要了两个小面包、一瓶啤酒，简单吃了顿饭，然后在走廊的沙发上休息。其实此时我体力尚可，也不觉得困倦，然而愈是这样，愈要加倍小心，愈要保证足够的休息。经过 500 公里之后，我的两只脚已经开始肿胀，脚底充血，一不小心，大大小小的水疱会立刻像蘑菇一样疯长。

对于这样长距离的比赛，所有想得到和想不到的问题，百分之百都会出现。在七八天的时间里，你可能会扭伤三次脚踝，拉两天肚子，感冒三天，脚上起五天水疱……除了坚持跑下去，期冀边跑边恢复以外，几乎没有什么好办法。

客栈里住了几十家叙利亚人，在那长长的走廊里，我听见有人喃喃自语，有人激烈的争吵，有人大声哭号。夜深了，两只脚恢复得差不多了，我收拾好东西，给客栈老板留了张字条表达谢意，然后从后门悄悄溜了出去。

莽莽的森林依旧没有尽头，明月高悬在枝头，气温已经下降到冰点，地上的落叶上覆盖着一层浓霜。突然，寒光一闪，树丛里钻出个人来。

“欢迎来到 Burger King！”是 Michael 的声音。

“怎么是你？”我又惊又喜。

“我开车路过，在 GPS 上发现你就在附近，所以在加油站买了吃的，给你送来。”他一边说着，一边递过来一个大纸袋。

只消几口，我就把一整个汉堡吞下肚，又从他的背包里搜刮了牛肉干、花生米和巧克力，相约终点见。

在第七天的早晨，我在乱石丛中登上全程最后一座高峰，又沿着山坡上陡峭的滑雪场，下降到小镇 St. Englmar。在村里的体育中心，我躺在室内塑胶跑道上睡了一小觉，补充了水。此时比赛已经完成了 555 公里，距关门时间还有 48 小时，离终点还剩下 121 公里——基本上没有任何村庄、没有任何补给机会的 121 公里。

（九）终点

森林里飘荡着薄雾，柔弱的阳光，伴随着阵阵悠长的鸟鸣。路上见不到一个人，然而却处处看得到伐木工人劳作的印记。心灵手巧的人们，在劳作之余，留下了数不清的木雕作品。有时候，一轮原木挂在树干上，雕成了一面时钟，上面还用白漆写着一两句小诗；有时候，一棵大树被拦腰截断，留下的枝丫稍加雕饰，树干上画上眼睛头发，一下子就变成了一只机灵的小鬼。

晚霞在天空中燃烧，前方是一座陡峭的小山 Pilgramsberg，沿着600多级原木搭成的台阶一步步登顶，上面是一座建于17世纪的小教堂，门前的灯光亮起，纯白色大理石砌成的建筑仿佛天上宫阙。

夜深了，脚下只有厚厚的落叶以及东倒西歪的朽木，无边的困倦向我袭来，似乎只要一停下脚步，就会立即倒在地上睡着。为了强打起精神，我试着一首接一首地唱歌：

“红日照遍了东方，自由之神在纵情歌唱。看吧，千山万壑，铁壁铜墙，

抗日的烽火，燃烧在太行山上……”

“Das schoenste Land in Deutschlands Gau’n, das ist mein Badnerland……”

“白樺 青空 南風 こぶし咲くあの丘……”

“红军不怕远征难，万水千山总是情……”（好像哪里不对……）

“O sole mio……”刚飙上一个高音，就听见附近村庄里的狗开始狂吠，紧接着，似乎整个森林十里八乡的狗一起叫了起来，吓得我赶紧收声。如此静谧的月夜里，突然间一声熊嚎，在狗儿们听起来，应该跟一架小型轰炸机差不多吧？

脚下的路愈加难走。这一带密布着四五百米高的小山，人烟稀少。千万年来，在水流和植被的作用下，这些小山变得千奇百怪，有流水切割出的峭壁峡谷，有古树环抱的巨石，最险峻的一段，称作“地狱河谷”（Hoellbachtal）。

这里仿佛自创世纪以来，就从未有人造访过一样，遍布一人多高的巨石，像迷宫一样。溪水在峡谷中漫流，碗口粗的树根像巨蟒一样遍布四周，岩石上覆盖着厚厚的青苔像冰面一样滑。我在那迷宫一样的巨石间踉跄前行，却发现几米开外的一块山岩上，坐着一只小狐狸，瞪着一双绿幽幽的大眼睛，好奇地打量着我这个不速之客。

天蒙蒙亮，第617公里，只有巴掌大小的小村庄Zell，中央一间小屋，集杂货铺、肉铺和面包房于一体。此时是早上7点整，杂货铺正好开门，我进去买了水和点心，在门口席地而坐，享用早餐。村里的主妇们，成群结队地拎着篮子来买面包和鲜肉，我穿着色彩亮丽的外衣和长裤，一身衣服脏兮兮湿漉漉的，可谓“满面尘灰烟火色，两鬓苍苍十指黑”，

引得路人纷纷侧目。我猜，如果此时搞一个是否继续接收难民的全民公投的话，此地的支持率，应该至少会上升一个百分点吧？

到了正午时分，终点越来越近了。

最后一段路，是密林中一条长达 15 公里的小路，一直通向森林尽头的一片广阔的湖水。

走在那看不到尽头的小路上，仿佛一场悠长的告别仪式。曾经的茫茫林海，看不到尽头；曾经层层叠叠的高山，看不到边际；曾经波涛汹涌的大河，源远流长。

我们的生长、我们的忧愁，
是某某山坡的一棵松树，是某某城上的一片浓雾；
我们随着风吹，随着水流，
化成平原上交错的蹊径，化成蹊径上行人的生命。

Deschutes，2015 年 10 月 15 日，Dubai

后记

文中提到的几位人物，后来的结局是这样的：

Fernando，半程过后，退赛；

Frank，完赛，用时 187 小时 06 分；

武石幸一，完赛，用时 188 小时 37 分；

吉本亮，到达第 420 公里 Passau，退赛；

老段，在第 638 公里处不慎闯入军事禁区，被拘留，退赛。

当然，还有我自己，171 小时 24 分，累计爬升 23834 米，难度 D+，零补给，是我 661 公里山地越野最好的成绩！

CHAPTER FIVE

05

我的一次魔幻UTMB之旅

没有最虐，

只有更虐，

才是越野跑世界的永恒法则。

这次比赛的经历，

似乎把我平日的英雄情结和科幻梦想照进了现实，

真实的感受远没有描述得那么浪漫，

身体和精神都承受了巨大的痛苦。

作者简介

钱十八

投资领域的跑步大神，自定义为“兴趣广泛、追求卓越、爱学习的男人”。他40岁才开始长跑，随后进入越野跑圈，曾代表中欧国际工商管理学院参加商学院玄奘之路戈壁挑战赛，他跑过极地长征、100公里越野跑等活动。

参加 UTMB，对我来说是一次全新而独特的体验，也算是很难常有的经历。

全力备战 UTMB 第一步：预热。2015 年 8 月，我提前一周来到法国，希望自己有足够的时间适应高海拔和低温的赛道状况。

我从巴黎转机到日内瓦，下了飞机才知道去霞慕尼的大巴票已经全部售完，我不得不在机场等待。当时我已经做好在日内瓦留宿一宿的最坏打算，但到夜里 21 点，终于等到一班有空位的大巴。

一路上，司机开着大巴，仿佛在参加山路漂移赛。在从瑞士到法国的山路上，陪着司机完赛后，我已经头晕目眩。幸好司机提供“送货到家”服务，把已经晕得七荤八素的我送到目的地。这也多亏徐黎晓给我分享位置，虽然一路眩晕，总算能确定自己已经到目的地。

与我同住的老吴和徐黎晓是从中国内地过来的，除此之外，还有香港人、住在香港的法国人、住在荷兰的香港人、住在法国的越南人、新加坡人、马来西亚人。来自世界各地的许多人，聚集在这小别墅中，如果是多年以前，指不定做出什么英雄事件。

虽然国籍不同，但好在大家有通用的语言。我还能结结巴巴讲几句英语，但可怜的老吴啥也听不懂，我和徐黎晓只好每天挂着这个“拖油瓶”到处逛，跟开了外挂似的。

全力备战 UTMB 第二步：爬山。24 日一起床，几个室友就商量着去爬山。我们刚出发没多久，Echo 发现手机没了。爬山活动临时改成找手机行动，我们沿原路一直找到了山脚下，也没看到手机的踪影，只得悻悻地宣告行动失败。继续原来爬山的计划，总共完成 16 公里，打道回府。一回到住处，就遇到意外惊喜，Echo 的手机居然被一拨儿香港小伙伴捡到了，他们也是来参加 UTMB 的，真是有缘分，也是好运。

24 日当天，霞慕尼下起了大雨，PTL 组最开始出发。这是路程最

长的一组，300 公里，28000 米的爬升，需要耗时一周才能完成，必须组队报名，且队中至少有一名 UTMB 的完成者。我看着窗外，雨特别大，只得放弃去加油助威的迫切心情。

UTMB 其实是一组比赛，参赛距离最长的是 PTL 组，然后是经典的 UTMB 组、半程 CCC 组、再半程 OCC 组和另一高难度的 TDS 组。

UTMB 5 个组别赛事介绍

名称	线路	距离
PTL	Petite Trotte à Léon	300km
UTMB	环勃朗峰超级越野赛	170km
TDS	萨瓦超级穿越赛	119km
CCC	库马约尔—尚佩里—霞慕尼	101km
OCC	奥塞斯—尚佩里—霞慕尼	53km

25 日，我的安排是继续适应山路，并换了一条新路线，从终点向最后一个 CP 点（Check Point，检查站）出发，正好还是 16 公里。跟着一群小伙伴，我学会了用跳跃来控制下山的速度和节奏，大大提升了下坡的效率，40 分钟就冲完了这一段。我心中暗自给自己安排战术，决定在最后阶段，如果肌肉有足够的力量，就用这个办法完成下坡。后来听越野高手于雷说，这一段下坡他用了 42 分钟，一口气超过了 70 多名选手。听完于雷的描述，我心中的算盘叮叮当当响起来，这个办法很靠谱。

当天晚上，是 TDS 组出发的时间，选手集体坐车去了出发点。同住的胡蓓是香港彭博分社的小女生，看她柔弱的身材，居然也报名参加如此严酷的比赛，还有厦大的戈友龚明程，他们的比赛在 26 日一早。

26 日，我们开启了“逛逛逛模式”，起点附近的展览会上，各种运

动产品琳琅满目，看到什么好东西，大家一拥而上，纷纷拿出看家本领说服店主打折，最终淘回了好多装备。下午排队去领取 UTMB 赛包，手腕上被绑了红色的识别条，无论走到哪里，都能收获艳羡和赞美的目光，很是让我们得意。

27 日，TDS 组的选手陆续到达终点，同屋的胡蓓也顺利完赛，不过我却发现她面色憔悴，回到住所的时候神志都有些模糊了。大家纷纷开动，忙前忙后地为她做饭，帮她放松。我们后来才知道，TDS 组参赛的中国女选手中，她的成绩是最好的。看着她痛苦的样子，心有戚戚，不知道过两天我们会成什么样子。

接下来的两天，我进入养猪模式：吃了睡，睡了吃。

按有参赛经验的朋友介绍，比赛中会发生的事情，都可以在赛前模拟，唯有睡眠无法积累，赛前多睡一会儿可能管用，但不能指望着进入冬眠模式，就不会在比赛中犯困。

28 号早上，住在一起的 CCC 组参赛选手早早起床，嘈杂的整理物品声传进半睡半醒的我的耳中，我已经感受到紧张气氛了。而 UTMB 组的选手此时还在梦游，唯一完赛的 TDS 组选手就更加悠闲。三组人马完美呈现赛前、赛中、赛后的状态。

28 号下午不到 3 点，老吴就催着我们去起点排队。天气非常炎热，但好在没有下雨，这在 UTMB 历史上，是很少见的。磨磨蹭蹭一阵，我们 4 点才出门，排队存包后，顺利来到起点，已是人山人海。所有人都遵守规矩，无论多么拥挤，外围供运动员通行的通道还是被空出来了。老吴和徐黎晓走到人群跟前，我因为怕晒而溜到后面，和一同参赛的朋友躲在阴凉的地方。朋友带了一小队摄制组来，因为好奇，我喋喋不休地跟他讨论沿途拍摄的事情，他是国内著名的电影人，我们一起参加过极地长征冰岛站的比赛。他非常擅长写作，写出的东西场面感极佳，他也很会在拍照时做古怪表情来抢镜头。在起点，我还遇到北京来的金牌

橄榄、BUG、号称“数据帝”的安成，大家凑到一起合影留念。耳边重复着比赛现场的音乐，我的情绪也越来越高昂。在比赛中，《征服天堂》（Conquest of Paradise）的曲调不断在我脑中回响，成了我坚持下去的动力。

比赛马上开始，起点前的所有人高声大喊：“10，9，8……3，2，1，出发！”我知道接下来的每一步都是未知的，不过该来的总会来的，我已经准备好出发！

我从起点线上拥挤着走过拱门，人太多，根本跑不起来。比赛过后，我从安成那里听说，他足足花了6分钟，才从拱门挤出去。就在我朝着拱门慢慢挪动的时候，突然听到右边高台上有人叫我，竟然是邢波和曲向东，我向他们挥了挥手，跟他们说46小时后再见。我已经做好踩着

点完赛的准备。我继续跟着人群朝前走，慢慢出了镇子，这才算跑了起来。就这样我一路上超人无数，心里暗暗想着这些欧洲高手也不过如此。最开始的 8 公里是平路，我冲到第一个 CP 点，一看时间，距离关门时间还有 15 分钟。迅速出站，来到第二个 CP 点，领先关门时间 30 分钟。突然信心就来了，觉得这样下去，完赛根本不是事儿！但在剩下的比赛中，每个 CP 点，我始终只能提前 30—45 分钟到达，好像再也无法加快速度。

翻过一座小山，因为是在阿尔卑斯山脉地区，这座山显得小，实际上它比大帽山还高，也更陡峭。随后赛道进入平坦路段，但平坦也只是相对而言，一路上起起伏伏上上下下，我的身体开始吃不消了，幸好赛前按照曹瑞的建议，吃了些“肌坚强”，大腿肌肉虽然疲劳，但并没有明显的乳酸堆积，下坡时还可以跑起来。30 公里很快过去，缓坡过后再次迎来大段陡坡，来到第三个 CP 点。在这里遇见曲向东和格蕾丝，我非常激动。他们问我累不累，我当然是给出否定的答案。但是心里却想着，这还只是开胃菜，大餐可是在后面等着呢。

果不其然，一大段爬升立刻摆在面前。连续 1000 多米的爬升，这在国内的比赛中是很难遇到的，但在这里，这种路况跟家常便饭没什么区别。一个大坡接着一个大坡……过去觉得只有绕着操场跑圈，才会跑出惯性和离心率，原来在这里，爬坡也能爬出机械运动。

当到达第一个大型补给站 Les Chapieux 时，已经是第二天凌晨 4 点半。我觉得还有时间放松一下，但 25 分钟稍不留意就过去了，根本没时间睡觉，只能继续赶路。我之前喝了点可乐，原本从来没有这个习惯，但在这里，可乐可是帮了我的大忙，人瞬间清醒了。不过可乐里的气体太多，我还不适应，只好一半可乐加一半白水，才能勉强喝下去。另外，赛道边上的水补给都是泉水，喝起来透心凉。我用泉水掺着普通水喝，才不至于跑肚拉稀。

难熬的黑夜终于过去，我也来到 66 公里的补给站，并在此处给余冰留言。随着太阳逐渐升高，天气越来越热，与过去几天的舒适气候完

全不同，大家纷纷减缓速度。在炎热的天气中，我终于坚持到达第二大补给点，意大利的 Courmayeur（库马约尔）。由于这个镇子海拔很高，附近的坡度都非常陡。赛前发布会中的技术统计显示，这里是整个赛道最陡的部分，每 1000 米的爬升高度达到 190 米，加上我到达的时间刚好是中午，让这段比赛变得异常困难。好多选手无法忍受，纷纷选择退赛，我并没有要退赛的想法，依然在坚持。

来到库马约尔，比赛已经完成一半，刚好是 81 公里，这个点是整个比赛中的唯一换装点。所有选手会事先在这里存放一个参赛包，我也不例外，在寄存的包里放了好多东西。我停在这个补给站准备换装，已经跑了 18 小时的身体，突然停了下来，还真有点不适应。因为身体处于过度劳累状态，动作稍显迟缓，我费了半天劲儿才换好袜子。此刻，我才切身体会到配备后援团的好处，他们只要一会儿工夫，就能全部搞定。再看我们，在那里磨磨蹭蹭的。赛后昂国平说他在库马约尔的补给站浪费了一个小时，我到达这个补给站之后，好像什么也没干，45 分钟一晃就过了。

我忍着滔天困意，只能继续赶路。我本想给余冰留言报平安，拿出手机却发现已进入无信号地区，加上之前忘记调成飞行模式，电量也报红，不得不关掉手机。

在比赛开始前，大家曾对赛道做过细致的研究，认为前半段的关门时间很紧，需要抓紧赶路，到了后半段，时间会相对宽裕。但事实与设想的完全相反，后半程一点也不轻松，而且随着体能的下降，即便是难度相当的赛道，也得花费更多时间才能完成。

天空一点一点暗下来，气温降低，我迈着沉重的脚步，朝着渐渐

隐没在山中的太阳，蹒跚地走着，马上就要迎来我在勃朗峰的第二个夜晚。此刻困意袭来，原本有效的可乐也无法让我继续坚持，不断上坡和下坡，枯燥而又折磨人。我随即坐倒在路边草丛，想眯一小会儿，但后续选手的头灯会把我反复弄醒。其实这一路上都是跟我一样困得东倒西歪的选手。

终于挨到大约 110 公里左右的 Prazde Fort，这是个瑞士小镇。我几乎已经失去意识，晃晃悠悠地朝前走，无意间再次碰到龚明程，他特意为经过此地的中国选手加油。在最艰难的时候、最陌生的环境，看到熟悉的面孔，给了我很大鼓舞。

在接下来的十几公里，想睡觉的念头始终萦绕在我脑海中，挥之不去。终于到最后一个支援点，瑞士的 Champex（126 公里处）。在这里，碰到了关雅荻和徐黎晓，我顾不上他们，立刻找了一个空铺位，顺势把自己扔在地上。我都没有意识到自己已经睡着了，40 分钟后，工作人员把我叫醒，告诉我距离关门只剩一分钟，要确认我是否继续比赛。

我怎么可能放弃？剩下的 58 公里，不知道还有什么等着自己。

面对志愿者平静的问话，我坚决地回答：Of course！ Run！于是迅速穿上鞋子，拎起装备准备出站，但工作人员一声“Check out”把我叫住，我只得乖乖地回来打卡，绕了个圈后，冲出记分线，心中默念还有 58 公里。

冲出这个补给站，后方的灯光渐渐变暗，我根本无法预测后面的路，接下来将是一段魔幻之旅的开始。赛后回想，在那时，我或许已经进入“盗梦空间”第一层。

因为睡了 40 多分钟，体力恢复了许多，这让我越跑越快，追上了好多选手。最后遇到珊瑚和安成，看着安成边跑边打瞌睡，真庆幸自己决定在支援点睡上一觉。我一边鼓励他，一边陪着他跑了一段，还给了他一颗盐丸。

不过形势很快逆转，这种精神状态没有持续多久，几步之后，我就跟不上安成的节奏了，加上脚上的水疱越来越痛，最后只得停下来，先把脚上的水疱解决掉。我心里暗暗地想：在库马约尔时，西门双铭送的

压缩绑腿袜就在解决脚疱的问题上妨碍到我了，如果在那时换成分开的，现在处理起来就会容易得多。处理好之后，我已经落后很多。

这时候的我，已经开始进入了另一个状态。我称之为“盗梦空间”的第二层。

夜越来越深，我离开 Champex 的时候，已是第三天凌晨 2：30，从起点出发到现在，已经过去 33 小时。我唯一的感觉就是累。即便是机器，也该停下来，把油箱加满再工作，而此时的我就像油料耗尽的机器。我发现一直有人在后面不紧不慢地跟着，保持着同样的步频，还和我说着什么，好像是指挥我抄一条近路。当时的我已经丧失思考能力，沿着越来越陡的山路，翻过一个个大石头。后面的两个人还在，他们窃窃私语，好像是和我说话：Up，Up……我感到了拉扯，他们用手拉我的背包。

我怒火中烧，几乎到了临界点，斥责他们不要跟着我，要求他们走到前面。但两个人变本加厉，硬生生地夹着我，继续说话，我根本摆脱不了他们。走啊走啊，目测距离山顶不远，却总是到不了。他们还在说话，我火气越来越大。突然察觉到好像有什么不对劲，难道我是在做梦？

如果不是，那为什么总走不到山顶，好不容易翻过一个大坡，前面出现了一个更陡的坡。最令人抓狂的是那两个跟随者，简直变成了我的影子，我休息，他们也休息。最后开始出手阻拦，不让我继续前行。我不禁大喊：你们没有权力限制我的自由！

我此时的感觉是冷，越来越冷。虽然我知道在背包里有衣服，但我不想穿，希望寒冷能叫醒我，让我从迷幻中跳脱出来。我打着寒战，那两个甩不掉的讨厌家伙又抓住了我的背包，不停跟我说话。我实在不想理他，继续徒劳地想办法摆脱他们。

我终于被拦了下来，他们对我说，有个医生朋友想来看看我。我在比赛，我在比赛，我在比赛，我好想对他们大喊。任何暂停都是在浪费我的时间，在妨碍我完赛！我生气地回答：我要找警察，把你们赶走！

过了一会儿，他们突然指着山峰说，太阳出来了。太阳出来意味着时间在流逝，在梦境中时间不是应该过得很慢才对吗？我不住地询问："现在几点了？现在几点了？"全然忘记自己手腕上戴着表。

如此僵持了一段时间，我看到一架直升机落在不远处，一个自称医

生的人走过来，旁边站着一个警察，当我问他警号的时候，他却答不上来。我听不懂他嘴里的嘟囔，就没再继续追究，也是因为没力气，那就放过他吧！

医生哄着我，不知道向我的身体里注射了什么，我问他是否 OK，他回答 OK。既然已经 OK，我想迅速从这里逃离，逃离这真实的梦境，赶快回到现实，可是我找不到能令我回到现实的按键。我挣扎着想要继续朝山顶爬，医生却阻止我，我只得沿着山顶附近的小路走走停停。僵持很久之后，我想尽快离开他们。沿着路走了一段，直到看不到所有人，我在路边的草坪上躺下来，耳边响着直升机飞走的声音。我对这些并不在意，脑子里想的只有怎么才能回到现实，嘴边就是那个装满可乐的水瓶，或许当我嘴唇与瓶口接触的瞬间，我就能从梦幻中醒来。

我闭上眼睛喝了一口可乐，幻想着再次睁开眼，我就在终点，可当我睁开眼时，人依然在草地上，还听到医生在旁边大叫“Dong，Dong”。我决定投降，我问跑过来的医生，现在几点。已经 8 点，这是下一个 CP 点的关门时间，我被关在门外了，心里一下子充满了沮丧，

只想在这里躺着不动，最后感受一下阿尔卑斯山的宁静与变化，贪婪得像是做最终告别。医生不停地在我耳边念叨，要我去做另一项测试，我拒绝，转过脸对他说，你们瑞士政府真有钱，看个病也要坐直升机来。

对我的固执，医生也忍无可忍，下了最后通牒。要么跟他一起去医院，要么让警察来和我谈，即便是跟警察谈，最后也要去医院。我昏头昏脑地，竟然选择第二项！

过了一会儿，3名警察乘着直升机飞了过来，半劝说半强迫地拉着我往直升机旁走，几只大手压住我的胳膊，我竟然感觉到了疼痛，这或许不是梦，否则不应该感到疼啊，难道是真实的情况。我呆住了，目瞪口呆地看着他们从直升机上拖下一副担架！

我被强迫躺在担架上，下半身被一道道箍好，按照捆绑精神病人的样子，上半身将手臂固定在对侧的肩膀上。我苦苦请求，才得以不绑得那么紧。随后我的鼻孔里就被塞入两团棉球，有些刺激性，我马上明白这是麻醉剂，和他们说了几句Relax，让他们带好我的登山杖、背包、帽子什么的就直接睡过去了……

当我醒过来时，看着周围的环境，知道自己肯定在医院，也彻底明白自己被退赛了。我无聊地拿着手机自拍了一张，手机马上没电了，我赶快叫来护士帮忙充电。之前在山上给我提供救助的医生，一直没有过来，虽然护士说我已经没什么问题了，但还是要等赛事的工作人员来接才能走。

过了一会儿，护士把电话交给我，对方竟然用中文讲话，原来是赛事工作人员里唯一的中文志愿者Orange。她告诉我赛事方正在联系车辆把我接回去，说赛事方对我这个选手很重视，专门安排她来对接我。确

实很重视，想想用直升机把病人绑回来，我还从来没经历过。

过了一会儿，赛事方说车辆都已回到法国，正在找出租车过来接我。再后来又说出租车太贵，要是我还能走的话，自己走三公里，坐火车回去，当然如果我没带现金，那就只能逃票回来了，万一被抓住了，就把组委会供出来，通过微信给我一张组委会地址，把罚单寄过去即可。我被弄得哭笑不得，还是自己走吧！护士又接到医生的电话，要给我再做检查，抽了四管血，终于错过了原定的火车时间。

又等了一个多小时，我才从医院出来，护士耐心地跟在我身后，仔细地告诉我如何走到火车站。当时我几乎是全副武装，在瑞士马蒂尼小镇小跑着，惹来不少关注。终于找到火车站，上车没找到售票员，问一个乘客小伙，他很热情地拉我去买票，一看是自动售票机！我很郁闷地回到车厢，又去找司机，把组委会的地址给他看，他连声说他只管驾驶，让我到 Vallorcine（瓦洛西纳）去换乘，再找法国的售票员问一下。

结果到了换乘点，手机又没电了，微信自然没法用，只好彻底逃票。

一个半小时的车程，终于回到霞慕尼，看着街上来来往往的，穿着完赛马甲的选手，我无地自容，悻悻地拿回参赛包，偷偷摸摸地赶回酒店。

我刚一进屋，就被大家围起来，他们对我的回归非常惊奇，纷纷表示：听说你是行为古怪，被绑上直升机了？坐直升机退赛，太牛了……

我晕……我宁可完赛，也不要像这样成为别人眼里的“传说”。

一起来的朋友们，有的完赛，有的退赛。其中徐黎晓 46 小时安全完赛，老吴被关门了，Echo 艰难完赛。在香港 16 小时跑完 100 公里的选手，跑完这个 100 英里（约 160.93 公里），居然要用 46 小时，赛道的难度可见一斑。

女生中，吴益华不到 40 小时完赛，成为中国完赛第一人。

关雅荻 45 小时半完赛，他说自己从没有过如此困倦，还好他超马越野跑 100 公里的比赛经验绝对丰富，知道该怎么应付这种情况，最终挺了过来。两周后，他就要站在巨人之旅的起点区，面对 330 公里的赛道。看来，没有最虐，只有更虐，才是越野跑世界的永恒法则。

这次的经历，似乎把我平日的英雄情结和科幻梦想照进了现实，真实的感受远没有描述得那么浪漫，身体和精神都承受了巨大的痛苦。

有人说，UTMB 的这次直播已经超越了 UTMB 本身，认为这次 UTMB 之行代表着后戈壁的奔跑精神。我不是特别同意，我们不必将

跑步赋予过多意义，它只是一场修行。自从戈壁回来，我始终用奔跑的脚步，寻找挑战自己的机会，每一次比赛中，我都有不同的领悟，都会对自己有新的认识。我为什么要不停地奔跑，我想这大概就是原因。

CHAPTER SIX

06

我为什么参加超马越野赛？

因为每次比赛最难的部分就是眼看着太阳落下去，
黑夜来临，面对未知前路，
无论是天气恶劣还是赛道艰难，
只能义无反顾冲进黑暗，拥抱未知，
然后一直奔跑到东方亮白，太阳再次升起。
这种每次从黑夜到黎明的循环体验，
我都会觉得是一种精神能量的增长，
都多了一份直面夜的黑暗的勇气。

作者简介

关雅荻

国内跑步真人秀创始人，他制作了中国首档真人环球越野跑探索纪录片《雅荻跑世界》。2015 年，全球 UTWT 年度积分排名选手中，在近 20000 名选手中积分排名第 102 名。过去 4 年完成超级马拉松越野赛 30 多场。

勇气开始的地方

气温大概只有四五摄氏度，冰冷的雨水被七八级大风吹成了刀片，削在脸上生疼。就在这样的寒风冷雨中，我被风吹得抬不起头，只能低头瞪着路面，迎风向前缓慢挪动，此时我背着将近 10 公斤的负重装备已经跑了大概 30 公里。脚下的碎石路突然发生变化，一部分路面颜色越来越深，呈现出一种黑褐色的粉末状。我很诧异地抬起头，看到前方大概 200 米的斜坡上出现了一个人影，正拖动着巨大的物体翻过斜坡。那显然不是参赛选手啊，好奇心让我顾不得刀片的猛削，快跑起来，而脚下路面的颜色也变得愈加诡异。当我踉跄着终于爬上斜坡时，被眼前的景象镇住了——我面前是一望无际的纯黑色沙滩。海浪拍打岸边的声音压过了风声，我沿着赛道一路跑到了北冰洋海岸！而刚才那个身影居然是一个人在如此低温下进行帆板冲浪。这一刻的场景实在显得有点不真实。

这是 2013 年 8 月，我参加冰岛“极地长征”250 公里多日赛冰岛站时印象最深的画面。这是我第一次出国参赛，也拉开了此后两年多我在全世界的山野里不停奔跑的序幕。冰岛的比赛是我第一次参加多日分段赛，我清晰地记得第一天出发前的清晨我是在帐篷里被冻醒的，气温 0℃，直到 8 点出发时气温也没有超过 5℃，外面一直在刮大风，雨持续下了整整一周。这期间，只有第三天的赛段太阳露了头，但突然又暴晒得要命，所有当地人都说那一年夏天冰岛的天气太反常了。这场比赛最终共有 270 多名国际选手参加，我参赛总用时 35 小时左右，排在第 38 位。正是这场比赛，让我彻底下了决心，从供职的电影公司辞职。或许真的是因为这次冰岛赛的成绩大大超出自己的预期，让我有点盲目乐观，回到北京没多久，具体说应该是 2013 年 9 月 3 号的上午，当我认真看完了一条新闻“9 月 1 日世界超马越野巡回赛（UTWT）宣布正式成立”后，就给自己确立了一个有点疯狂的目标，也是给自己挖了一个“大坑”——用三四年时间把 UTWT 的 10 场正式比赛都参加一遍。

UTWT 迷恋综合征

世界超马越野巡回赛，Ultra Trail World Tour，简称 UTWT。我之所以说是给自己挖了一个“大坑”，是我当时就跟身边的朋友说，我估计 UTWT 赛事将不断增加，我要逐个完成不是件容易的事。从 2014 年开始，每年 11 月会有 UTWT 年度积分排名，最多可以用 3 场完赛的对应积分相加获得年度总积分。果然不出所料，2014 年有 10 场比赛入围，2015 年瑞士艾格峰 101 公里越野赛加入，变成 11 场常规赛，2016 年葡萄牙马德拉岛超马越野赛加入，变成 12 场。在 2015 年 UTWT 年度颁奖大会上，又公布了 2017 年 UTWT 新加入赛事的 6 场备选比赛。

2014 年我参加了 4 场 UTWT 赛事，完成了其中的 3 场，分别是 1 月的 Vibram 香港 100 公里越野赛、4 月的日本环富士山（UTMF）100 英里越野赛和 6 月的意大利 Lavaredo Ultra Trail 119 公里越野赛。之后在 9 月我前往意大利的库马约尔小镇参加了 330 公里的巨人之旅（TDG），被关门止步于第四站 200 公里处。

2015 年是我从任何一个角度回顾都相当疯狂的一年。从 2 月到 10 月，

我共参加了 8 场超马赛事，全年比赛距离累计将近 1400 公里，其中 7 场是 UTWT 赛事，另一场是重返 330 公里的巨人之旅。8 场比赛中我最终完成了 6 场，分别是 2 月的新西兰 Tarawera 100 公里、3 月的西班牙穿越大加那利岛（Trans Grancanaria）127 公里、4 月摩洛哥撒哈拉沙漠地狱马拉松（MDS）250 公里、5 月澳大利亚蓝山（TNF）100 公里、8 月法国“意大利”瑞士的环勃朗峰（UTMB）100 英里和 9 月的巨人之旅。让我自己都感到有点吃惊的是，8 月底到 9 月中旬，我在 20 天内以“背靠背”形式接连完成了“UTMB + TDG”两场重头比赛。但略有遗憾的是，巨人之旅因天气原因提前终止，我未能跑完整条赛道，而且居然再次止步于前一年同一位置的 200 公里第四大补给站，仿佛老天跟我开了一个玩笑，但区别是今年在规定时间内抵达 200 公里处的选手被官方认定为完赛者，这或许是我唯一的安慰。

两场未完成的比赛都是我主动退赛。7 月的瑞士艾格峰 101 公里比赛中，因为崴脚，我在 61 公里果断退赛。10 月下旬二次出征的大留尼汪长征，在顺利通过前一年 88 公里被关门点后，坚持爬到 112 公里赛道最高峰 Maido 补给站时，我产生了莫名的精神倦怠，迅速退赛而未在倦怠情绪中停留太久。对我来说，2015 年为了实现自己设定的“UTWT 大满贯完赛”的目标，我已经超额完成任务。在官方发布的 UTWT 年度统计报告中，全世界将近 2 万名有 UTWT 积分的参赛者中，共有 7 人在 2015 年完成了 5 场 UTWT 赛事，我应该就是其中的 1/7。我最终以 3 场比赛总积分 194 分位列男子总排名第 102 位，这基本就是我 2015 年交出的 UTWT 的成绩单了。

有朋友问我是不是得了“UTWT 痴迷综合征”，居然用两年时间去参加了 11 场比赛中的 10 场，其中大留尼汪长征还去了两次，在此期间

还参加了两次巨人之旅。且不说只把完赛当成目标是否容易实现，其实很多朋友都觉得这些比赛我能以个人名义公开报名，而且都报名成功了，也是挺神奇的，因为很多比赛报名资格都属于“秒杀”级别。在我看来，这谈不上什么痴迷，我反倒觉得选择去完成 UTWT 各场比赛，直接解决了我在全世界范围内寻找和选择比赛的难题，UTWT 已经做好了筛选，我只需要去报名参加就好。与其说“痴迷”，不如说是一种认可后的“偷懒”。

老兵不死，旧枝发嫩芽

我从小就喜爱各种运动，足球、游泳、单排轮滑、器械健身，到长大后玩皮划艇、单板滑雪、潜水、网球、散打等，我喜爱运动的很大原因是很小的时候就跟着父亲养成了晨跑的习惯。我大概从小学一二年级开始，每天早晨 5 点多起床出门，跟着父亲跑步大概 8 公里。20 多年前，青岛的清晨非常适合跑步，整条线路几乎没有平路，蜿蜒起伏，途经山包和海边。我整个童年都喜欢放学后在家门口的几个山头疯玩到天黑才回家，或许这就是我喜欢越野跑的源头。我在 2012 年 5 月参加第一场跑步比赛时，哪怕只有 10 公里距离，我也选了一场越野跑比赛——2012 北京 TNF 100 的 10 公里组别，第二场比赛在两个月后，半程马拉松，依然是越野跑比赛——西乌珠穆沁旗草原马拉松。从 10 公里到 50 公里，从 100 公里到 100 英里，从 250 公里到 330 公里，我参加了几十场比赛，参赛距离越来越长，基本都是越野跑比赛，公路马拉松只参加了 4 次。我想我是喜欢山的，虽然在此之前我几乎没有任何户外徒步的经验，是越野跑激活了我的儿时记忆。

儿时除了运动，其他所有时间我几乎都给了自己的另一个爱好——电影，我几乎每个周末和寒暑假都泡在青岛市区大大小小的录像厅和电影院里。我母亲告诉我，在我还不会说话的时候，我父亲就扛着我进电影院，我从来不哭闹，是一个特别合格的观众。直到现在，每周买票进电影院还是一个雷打不动的习惯，去电影院的意义对我就像去教堂一般。我在 18 岁之前应该已经看了 1000 多部电影，之后在电影学院的 7 年，这个数字更是翻了很多倍。过去十几年，我从一个电影爱好者逐步变成了电影幕后工作者，兴趣变成专业最终变成了职业，从一个开始买盒饭的小剧务成为制片主任，之后作为电影制片人在几家电影公司任职，十几年的时间最终成了一名电影行业的老兵。

我总跟人说起“跑出勇气”四个字，最初受《户外》杂志的口号“活出勇气”启发而来。生活日常中，无论家庭、事业、朋友，还是兴趣爱好，我们都需要有勇气去面对和解决遇到的各种问题。我切身感受，运动可以塑造一个人的意志力和品格，也可以让人找到直面生活各种可能性的

奔跑在路上，
发现直面生活的勇气。

勇气。从冰岛比赛回来后便“裸辞”了，我强烈地感到自己的工作和生活应该有所改变，也是从那一刻，“跑出勇气”四个字对我个人有了非同寻常的意义。

越野跑是一场全家出动的节日

2015 年 3 月，西班牙穿越大加那利岛 127 公里比赛，累计爬升 7000 多米，赛事难度不小，关门时间也紧，最后我用时 28.5 小时完赛。这次比赛我们五六个北京“全山地全越野”小伙伴组团杀到大加那利岛，加上 Salomon 队精英运动员闫龙飞、东丽，还有香港女子选手周佩欣，组成了一个“中国军团”，大家分散住在邻近的两个大别墅里，每天自己做饭，一同备战热身训练，集体赛前分析和赛后讨论，非常热闹。

这种团队出行比赛的模式，到 8 月底的环勃朗峰 100 英里 UTMB 比赛更加热闹了，除了北京“全山地全越野”这帮小伙伴继续组团参加之外，中国内地选手多达几十人，中国内地选手

在五个组别中有 100 人左右，很多选手拖家带口一起出赛，这几乎就是我能想到的最完美的享受越野跑的方式了。

我心中不老的英雄，永远的偶像

不到一个月，辗转多次，我终于惊险地拿到摩洛哥签证，乘上飞往马拉喀什的飞机，然后坐车 4 个小时抵达 MDS 赛事出发聚集地 Ouarzazate（瓦尔扎扎特），参加传说中的撒哈拉地狱马拉松，全称 Marathon des Sables，简称 MDS。这是戈壁沙漠多日赛的鼻祖，同类比赛都参照 MDS 制定比赛规则。2015 年是 MDS 第 30 届盛大周年纪念赛事，是有史以来规模最大的一次，1300 多名国际选手参赛，中国香港就有 40 人参加，而中国内地只有我孤单一人。

我来参加 MDS，其实心里就装着一件事：见一见偶像 Marco Olmo。“我在生活里是一个失败者。我跑步为了复仇，我跑步为了夺回我所失去的东西。”这是几年前我在一张讲述 Marco Olmo 的纪录片的 DVD 封面上看到的一句话。我好奇他是什么样的跑者，会讲出这样的话，他到底有什么故事。

后来看完这部名叫 The Runner 的纪录片之后，我找遍了网络上关于 Marco Olmo 的中英文资料，了解了他的故事。Marco 是意大利的一名普通的司机，平时在工地开翻砂的大铲车。Marco 前半生平淡无奇，直到 30 多岁才开始跑步；40 多岁时，他在意大利国内比赛中崭露头角，多次获得国内长跑比赛的冠军。20 年前，Marco 开始参加 MDS，这个 250 公里全程自补给的比赛，需要负重大约 10 公斤，连续分段奔跑一星期，穿越沙漠，全程都要经受炎热的天气，所以被称为地狱马拉松。Marco 从那时开始了他漫长的 MDS 之旅，此后从未缺席。

关于 Marco 的跑步故事，被全世界越野跑超马爱好者铭记的是 2006 年，在他 58 岁时，他用 21 小时多一点的成绩取得了环勃朗峰 100 英里越野赛 UTMB 冠军，当时震惊了全球越野跑超马界。更令人震惊的是，Marco 在 2007 年再次蝉联 UTMB 的冠军！由此，Marco 成为越野跑界近乎传奇的人物。UTMB 赛事组委会特别规定，只要 Marco 参赛，他的号码就是 1 号。

我期待能够遇到 Marco 的这一天，因为正是他的精神，鼓舞我一直坚持越野跑这个爱好，他是我的偶像。

到了 4 月开赛时候，在赛前检查装备时，我远远看到了 Marco，犹豫了很久，还是冒失地上前打招呼。我心中暗喜这次 MDS 没白来，终于见到他啦，如果能在赛道上一起跑一段该多好啊。比赛到了第四天 Long Day 赛段，长达 91.6 公里，MDS 历史上最长距离的单日赛道，组委会规定总排名领先的 50 名选手比大部队晚 3 个小时出发。Marco 就在晚出发的领先集团中，这意味着他会从我身边经过。那天赛段出发后，我对此念念不忘，一直提醒自己注意领先集团的超越。

终于，Marco Olmo 出现了，从我身边跑过，我激动地掏出 GoPro 拍摄，但很不幸，我之前忘关机，GoPro 没电了！大脑空白两秒后，我想起还有手机，手忙脚乱地掏出手机记录下最珍贵的几分钟画面——我跟 Marco 一起奔跑在赛道上。就在那一刻，我觉得现实生活真的很美好。

在偶像精神力量的感召下，我最终顺利完赛，总排名 447，一个还算凑合的成绩。

整个比赛过程，组委会展现出世界最顶级、最专业的赛事组织素养和专业性，整个比赛过程中我用心观察，每天跟不同国家选手聊天，所有赛事服务细节都让我叹服。这个比赛值得前来体验。

艾格峰北壁上空的炸雷

2015 年 5 月我重返南半球，参加澳大利亚 TNF 100 蓝山 100 公里越野挑战赛，19 小时多完成比赛，结束了当年南半球的第二站比赛。

经过简单休整，6 月我一个人来到瑞士美丽的山地小镇 Grindelward（格林德尔瓦尔德），这里是瑞士艾格峰 101 公里越野赛的起点。这场比赛是从 2015 年才正式加入 UTWT 大家庭的，我对这个比赛了解不多。但看赛道数据和关门时间，其实难度不小。这场比赛就是一个压缩版本的 UTMB，剧烈的爬升和陡直的下降之间没有过渡，虽然路面大多还算平整，技术性赛道很少，但爬升和下降坡度都非常大，会对腿部肌肉造成很大的压力。

我对这场比赛没有做深入的研究，带的装备也不多，我承认我是有些轻敌了。我在 58 公里一个技术性路段下坡过程中突然崴脚，当时感觉有点严重，只能走，不能跑。我当机立断慢慢走到 61 公里补给站退赛了，因为下个月就是最重要的 UTMB 赛事，如果勉强支撑完赛，很可能脚伤恢复不过来。退赛时距离那个补给站的关门时间还有不到一个半小时的时间，其实有点不甘心，但另一个声音非常清晰地告诉我，这个比赛明年还能来，但 UTMB 难得抽中签一次，还是保证一个月后的 UTMB 更重要。

我满怀遗憾退赛回到酒店洗漱休息，夜里被一声炸雷惊醒，我赶紧下楼冒雨跑到酒店外，仰头看着巨大的艾格峰的北壁山峰，黑夜中它伫立在 Grindelward 小镇面前，就在我的正前方。我从酒店出来下坡一分钟就是比赛起点和终点的小镇广场，此时已经接近半夜，现场还有不少赛事工作人员和志愿者焦急地望着山顶。我询问了一下才知道，山顶雷雨天气已经开始一会儿了，此刻还能看到偶尔有闪电划过，随之传来阵阵闷雷声，组委会在不久前，已经将最后 20 公里的 Eiger Trail 高海拔路段临时改线，速度慢的选手不用爬上赛道最高处的艾格峰北壁脚下，

从旁边宽阔的防火道提前下撤，缩短线路，力求安全。显然，如果我没有在 61 公里退赛，估计坚持到这里也会被改道提前下山。看来赛前的技术说明和关于防雷的强调并不是毫无道理的。

比赛结束第二天，天空放晴。虽然崴了脚，我依然不甘心，听说赛道最后 40 公里风景极美。我随即坐火车到因特拉肯，这里刚好处于艾格峰 101 越野赛赛道最后 40 公里的中间点。我拖着有点痛的伤脚，做了一次徒步游客，用两个上午把未完成的赛道后 40 公里走了一遍。特别是著名的 Eiger Trail，我慢慢走过这段北壁脚下的小路，在小路旁的岩壁上还能看到瑞士著名的 Ueli Steck 和其他登山界前辈名人的照片和手模，很像好莱坞明星大道。

环勃朗峰 100 英里越野赛——UTMB

终于到了最热闹的 8 月下旬，环勃朗峰 100 英里越野赛（UTMB）每年都是这个时候举办。整个 8 月下旬的两周时间里，全球越野跑爱好者聚集到法国登山小镇 Chamonix（霞慕尼），分外热闹。UTMB 是由 6 个不同距离组别的越野赛赛事构成的一组越野跑赛事，UTMB 组是时间最久、规模最大也是最有国际知名度的一个核心组别，其他还有技术性难度很高的 TDS 组，以 UTMB 后半程为主的 CCC 组，从瑞士出发的短距离 OCC 组，还有两到三人组队的自补给 330 公里的 PTL 组，这次还特地为 18 岁以下青少年开辟了一个 YCC 组。不得不感叹，擅长发明户外体育运动的法国人实在是太会玩了，一个越野跑比赛，6 个组别加起来的参赛选手可以达到七八千人的超级规模，赛道横跨法国、意大利和瑞士 3 个国家，这对组委会组织协调能力的要求不是一般高。Chamonix 是世界现代登山运动的发源地，小镇镇中心坐落着一幢不起眼的建筑，据说那是世界上第一个专业的登山学校。

我在 2014 年就达到了赛事报名要求的资格，但抽签未中，2015 年终于如愿所偿。UTMB 是我 4 年前开始越野跑一段时间后听说的，当时它还只是一个抽象的名词，很快这 4 个字母就像旋风一样在国内越野跑界传播开了。但我真的没想到，用了 3 年多，我就真的站在了 UTMB 的起点前。本来以为自己会很激动，但其实并没有，经过了一些大赛的磨炼，面对曾经仰望的赛事，我淡定了许多。

这次我们北京“全山地全越野”小伙伴们在此结对参赛，规模比穿越大加那利岛越野赛更大，主要原因就是这次增加了亲友补给团。甚至有朋友自己并不参赛，完全是以补给志愿队员的身份来霞慕尼小镇。我从 2014 年陆续参加更多国外赛事，对这一点感触越来越深——长距离越野跑或许是一场关注自我和关于接纳内心孤独的自我较量，但这份孤独并不是这项运动的全部，更重要的是我们和身边最爱的人一起去感受大自然的乐趣，一起去感受户外运动的过程，这是我在国外参加了很多场比赛最明显的感触。在 UTMB 的终点前，能看到很多完赛选手拖家带口，甚至牵着狗，在亲朋好友的簇拥下冲向终点，越野跑从来不是一个人的运动。

比赛前一天，所有人收到组委会的提示邮件，说比赛当天天气罕见地炎热，部分赛道白天最高温度会高达 35℃，组委会提醒各位参赛选手多携带饮用水。我当时还觉得奇怪，阿尔卑斯山地区这么高的纬度，又是徒步旅游季节的尾巴，居然还能这么热？果然第二天白天，气温相当高，很多选手因为天气原因提前退赛。我发现我从小爱出汗的习惯在这种天气下能有效地帮我调节体温，加上我比赛跑动速度不快，所以也给了自己充分调节身体和比赛状态的时间。所以整个比赛有惊无险，每

次抵达大小打卡关门点，我基本都能控制在比关门时间提前 1.5—2 小时的范围，最终再次无惊无险地顺利完成。

这次比赛我遇到最大的问题是特别困倦，从 78 公里的库马约尔补给站出来没多久，我就开始哈欠连天，这种困倦一直困扰我到 120 多公里的位置。我在意大利 Lavaredo 比赛第一次经历了严重幻觉之后，每次长距离比赛途中感到困倦时，我采取的应对策略就是马上打盹休息，哪怕只是站着、倚靠他物或者坐路边眯 5 分钟，效果都会特别好。但这次 UTMB 不知为何，我多次在赛道上临时打盹，不停调整，就是觉得困，眼睛都睁不开。直到瑞士境内的大站点 Champex-Lac，我钻进休息帐篷一口气睡了半个小时才终于缓过来。

这次比赛最开心的是整个比赛过程中我都很愉悦，基本没有感受到太多痛苦。特别是对巨大的爬升，我不再有任何畏惧心理，而且在爬升中提高了自己的技术细节动作，效率提高很多。现在面对垂直落差超过 1000 多米的陡直爬升，我可以不停歇地爬到顶。下坡时我是有些相对

优势的技术动作的，比较敢“放坡”，膝盖和大腿肌肉也经过了多次考验，整个过程肌肉状态良好。这次比赛我还特意尝试全身不穿戴任何压缩装备，只穿普通的汗衫和短裤，还有一双羊毛短袜，全程一双 Hoka Challenger ATR 跑到底。我感觉很自由，因为我向来不怕冷，夜里到山顶也觉得还好，这次可能跟身体整体温度调整有关，全程没有抽筋。比赛中我几乎没有吃盐丸和乳酸丸，只在开始 20 公里各吃了四五粒，其他的都背回来了。自己背的能量胶，一共就吃了 10 个，都是瑞士艾格峰参赛吃剩的。就连自己一直习惯吃的能量粉，也只吃了原计划的一半不到。其他都吃补给站提供的食物。爬完最后一座 700 多米的大山，完赛时间还相当充裕，我就慢走完成了最后 19 公里，欣赏沿路风景，放慢速度，谨防最后陡降摔跤。

我的 UTMB，等待了 3 年的比赛，就这么结束了，没有什么特别印象，也没有深刻的插曲，一切正常，除了困，除了脚底一个大水疱。站在终点，我很自然地单膝跪地，表达对这座大山的敬畏，发自内心感谢它带给我的快乐，让我第一次体会到与大山融为一体的感觉。本来以为 UTMB

是自己的所谓“朝圣之旅”，最后发现它只是自己 UTWT 进程中普通的一站，没有原以为的那样特别。对我而言，真正特别的是心情变化，是整体精神和身体能力上的提升，我觉得这样就挺好。

巨人之旅，一样的赛道，不一样的命运

我手里抓着国旗在 UTMB 终点线上振臂一呼，完赛兴奋的感觉只持续了几秒钟，我脑子里马上浮现出 10 天后我还要再次尝试巨人之旅，老天给我机会，让我去体会越野比赛“背靠背”——连续参加 UTMB 和 TDG（巨人之旅）的感受。

巨人之旅在国内是一场有着传奇色彩的越野跑比赛，超长的距离和超高的赛道难度让很多人望而兴叹，包括 2012 年以前的我，我当时揣测到底是什么样的疯子会去参加一场仅看数据就相当夸张的比赛——赛道距离 330 公里，从勃朗峰南侧脚下的库马约尔小镇出发，围着意大利北部奥斯塔山谷逆时针绕一大圈，翻越 40 多座高海拔山头，累计爬升超过 24000 米的比赛，最多用时不能超过 150 小时。那时绝不会想到不到两年，我就成了参与其中的“疯子”，而 2015 年我要更加疯狂地连续完成 UTMB 和 TDG。

2014 年是我第一次参加巨人之旅，鉴于 2013 年比赛中中国选手杨源的意外事故，为了保障选手安全，赛事规则做了重大调整，除了强制严格检查装备之外，6 个大站 Life Base 都增加了进站关门时间一项——比以前规定的出站最晚时间提早两小时关门，以此避免慢速选手进入大站后担心被关门不休息匆忙出站的情况。但大站关门时间提前两个小时的新规则并没有引起我足够的重视，以致后来我被关门退赛。2014

年的比赛过程跌宕起伏，9 名中国大陆参赛选手身上都不缺精彩的故事，最终来自锦州的魏凯伦脱颖而出，以不可思议的 107 小时完赛，在我看来，这个纪录未来几年内很难撼动。同时王晓林和曲丽杰两人携手以 132 小时完赛。曲丽杰也是中国大陆第一个女子完赛选手。我因为首次参赛，整体能力不足，时间节奏把控欠缺经验，最终在第四大站 200.3 公里处比最晚进站时间迟到 14 分钟，被关门退赛。

当我在退赛返回 TDG 终点的那一刻，内心突然产生了尽快回到 TDG 赛场上的强烈欲望，我还是第一次对一场比赛产生这么强烈的重返欲望。一年后，我终于再次站到 TDG 起点线上。2015 年应该是过去 4 年巨人之旅赛事中天气最恶劣、比赛条件最艰苦的一年。不知为何，2015 年的开赛时间比往年推迟了一周，9 月 13 号（周日）开赛，而不是传统的 9 月的第一个周日。这一周时间里，奥斯塔山谷地区的气候发生

了很大变化，温差更大。比赛第一天就开始下雨，持续了一整天，高山上更是迅速降雪结冰。第二天凌晨比赛被暂停 3 小时，所有选手停留在赛道各个休息站和补给点，直到早上 7 点再次恢复比赛，选手重新出发。

雨雪后的赛道本来就非常陡，现在更是充满泥浆，道路湿滑，下降让很多选手很痛苦，很多不适应这种赛段的选手只能一步一步往下挪。我有之前参赛的经验，拿着双杖，弓着背，一路小跑下去。雨虽然停了，但山上温度骤降，第二赛段三座大山，最后一座 3299 米的 Col Lason，温度在 0℃以下，而且 2500 米以上全部积雪结冰。比赛第二天是一个完整的晴天，可是好景不长，第三天再次下雨，雨一直没停，直到比赛彻底结束。

2015 年赛道除了山上积雪路滑，还有多处大雾弥漫加大风，能见度几乎为零。即使在夜晚头灯开到最大亮度，能见度也不足一米。如果只有一条小路，还能坚持缓慢摸索前行，一旦是开放路段，几乎看不到下一个路标，极容易迷路，如果迷路，很难在那种恶劣环境下返回赛道。这次赛道我至少经历了 4 段完全大雾大风赛段，加上下雨，手很快被冻木了，后来发现摘了手套，把手放嘴里哈气，还能勉强保持一点温度。我完全是凭着对赛道的记忆，前一年的比赛经验，未偏离赛道，的确山顶很多部分什么都看不见。后来遇到在我身后不远的大陆选手 Bono，他在向第四赛段第一座大山 Coda 冲顶时，因为视野完全丧失，偏离了赛道，迷路，找不回来了！当时是接近山顶处的开阔性地貌，坡陡，各种巨大的乱石林立。在他几乎要拨打救援电话时，幸运地遇到了两个徒步的当地人，这两人对 Bono 来说就是天上下凡的天使，他们帮助 Bono 返回了赛道，最终 Bono 顺利抵达 Coda 山顶的中型休息站——山顶急

救小屋。实在是万幸！相信那一晚对所有选手、志愿者和组委会都是不眠之夜。

时隔一年，比赛第三天晚上 8 点多，我再次抵达巨人之旅 200.3 公里第四大站。但刚进入第四大站，就得知半小时前，组委会再次暂停了比赛，因为山顶大雾不散，后面第五和第六赛段都有特别危险的高海拔悬崖陡降路段。组委会显然吸取了足够的教训，面对恶劣天气，启用各种预案，还是那句话，我感谢他们，尊重和钦佩他们对专业性的坚持。

当我进入第四大站时，心情特别好，一方面，我已跑完了 200.3 公里，完成爬升不到 14000 米，还剩 136 公里的距离和 10000 米的爬升在等着我。我当时无论身体还是精神状态都特别好，除了正常疲劳，没有任何伤痛，甚至脚上一个水疱都没有。赛前我把个人的终点就设在 200.3 公里，个人目标其实不是完赛，而是要无伤坚持到至少第五大站，这样我也是比前一年的自己进步一点点。在当时我进入第四大站时，距离当晚大站进站关门时间还有 5 个半小时。换句话说，前 200 公里，我比上一次快了大概 6 个小时。对我来说，这是巨大的进步吧，而且上一次到这里因为各种水疱和肌肉酸痛得龇牙咧嘴，这次一切完好。

所以在我听说比赛第二次暂停后，我第一反应特别高兴，心想抓紧时间睡觉啊！跟工作人员交代一番，我把号码牌放在胸前睡觉，如果比赛恢复，把我叫醒，我再判断何时出发。我赶紧吃饭，然后美美地钻被窝去睡了。睡到半夜两三点，居然没人叫我，我溜达出去上厕所，抓着工作人员询问，比赛居然还在暂停中。这时陆续抵达的选手越来越多，睡觉的床铺已满，选手只能在体育馆大厅看台台阶上和各种角落就地睡了。我回头接着睡，睡得真香。睡到 6 点半，我怎么都睡不着了，起来吃早饭，比赛还在暂停中，所有选手跟我一样开始焦躁，比赛已经暂停 10 个小时了。我吃完早饭，进行各种规定动作，换衣服，整理所有装备，研究第五段线路图，抽空喝了两杯本地啤酒，跟各种人聊天。此时，外面雨一直下，越下越大。第四天早上 8 点多，我正抠着脚丫子，放水疱绷带，人群一阵骚动，有人叫喊起来，听不懂的意大利语。但我隐隐觉得好像不是恢复比赛的激动叫声，我随手抓了一个老外选手用英语问："怎么个情况，这到底？"对方跟我一摊手，说："宣布比赛到此结束了！"我当时内心一万个草泥马狂奔而过，情绪失控了有半秒钟吧，然后光着脚丫子心存侥幸到入口去问工作人员："Fini（法语，结束）？"对方跟我一摊手，表情充满无奈，说："Fini！"

我突然就哈哈大笑起来，想必工作人员以为我是"解脱"的笑吧，是啊，哪个正常人愿意继续在雨里熬 3 天爬剩下的 10000 米呢？但我笑的其实是"人算果然不如天算"！我这次比赛赛前算尽了几乎所有的可

能性和预案，装备到补给，线路到进站策略，我在脑子里过了上百遍，然后前 200 公里一切都按我的预期发生着，哪怕第一天天气糟糕，哪怕第三天大雾大雨大风低温，哪怕第四赛段我整段跟上一次整体用时一模一样。但所有状况我都现场通过各种预案自己调整过来，身体一切状况都好，心情也好，安全抵达退赛的位置，我正打算睡醒后，去体验后面 136 公里未知的赛道，哪怕只完成一段也好啊。然而，我的第二次巨人之旅就只能这样结束了，所有抵达第四大站的选手分批坐大巴返回 Courmayeur，下车时居然有人把我的手杖给顺手拿错了，可能老天已经很客气了，没让我比赛过程中丢手杖。

表面上看，我的第二年的巨人之旅跟前一年没什么不同，都被迫停止在 200.3 公里处无法继续向前。但我心里知道，这一场比赛相对前一年，对我自己而言进步是相当大的，最重要的就是心态和经验上的优势几乎最大化地发挥出来，全程节奏稳定。

更重要的是，两周前，我刚刚完成了环勃朗峰 100 英里越野赛，累计爬升 10000 米。我应该是中国大陆第一个在同一年内挑战 UTMB+TDG “背靠背”比赛的人，我有完成的优势，因为以往两场比赛之间仅隔一周，这次隔了两周，但无论对谁，两周时间从一场世界最

奔跑途中，抬头看见彩虹。

高难度的100英里赛彻底恢复过来，都是几乎不可能完成的任务，对我更是巨大的挑战。所以2015年巨人之旅出发前，我根本没有任何训练，整整两周我都在积极恢复，中间飞回北京一周处理工作再飞回Courmayeur，一周飞机往返本身也是巨大的身体消耗。可能只有真正越野跑的人才知道UTMB+TDG“背靠背”的难度与意义吧。

最后所有完赛者按比赛暂停时成绩排名。只有速度最快的6个人完成了336公里全程，据说第7名被迫停在303公里，眼巴巴看着山下终点，就是过不去。想想他们，我就觉得更加搞笑，心情一下子好多了，哪怕是搞丢了一对手杖。

最后一天的颁奖礼特别

奇葩，所有运动员被要求下午 5 点在起点广场集合，然后步行 300 米，前往小镇中央的终点拱门——集体步行冲线仪式！只听说过集体婚礼，第一次见识几百人浩浩荡荡集体冲线，跟游行一样，小镇马路两侧不嫌事儿大的观众们一个劲鼓掌和摇牛铃。

悲催的是，颁奖仪式从吃饭的大厅改到旁边的冰球场上举行，估计是人太多大厅放不下了。但冰球场有冰啊，一堆我这种穿短裤拖鞋的参赛者进去就给冻蒙圈了，还好我上身穿的足够多，其他人可就冻惨了。这个颁奖仪式要多久呢？将近 3 个小时。时间久有两方面原因，首先是奖项繁多，各组别冠军，各种奇奇怪怪的奖项，各种人上台领奖。终于颁奖结束，然后开始逐一念完赛者的名字，从最后一名倒着念，每个听到自己名字的完赛者，要从冰球场看台爬到台上，绕领奖台走一圈，在冠军位置上可以停留一两秒，假装跟看台几百观众挥手致意很得意的样子。

两次都穿不过，魔幻般的留尼汪

大留尼汪长征 100 英里越野赛，是我心中的痛。因为它是我迄今几十场比赛唯一一场连续两年都未能完成的比赛，原因各不相同。

大留尼汪长征原名 **Grand Raid**，但它还有另一个傻乎乎的名字 **La Diagonale des Fous**，翻译过来就是“傻瓜的对角线”。这的确是给“傻瓜们”准备的一场比赛，留尼汪岛是目前世界上唯一的普通人可以接近火山口参观的活火山岛，而且 2015 年再次爆发。所以在 100 英里的赛道上，你可以跑过留尼汪岛所有最著名的景点，从留尼汪岛南部的圣皮埃尔出发，从海平面一路爬到 2000 多米的山顶，然后从正在喷发的富尔奈斯火山旁切过，途经日内峰，锡拉奥、马法特和萨拉济 3 个冰斗，最后抵达首府圣但尼。岛上一天的天气各种多变，雨说下就下，说停就行，白天夜晚温差极大，典型印度洋热带气候，可以在一条赛道上感受到四季多变的天气和丰富的地貌特征。这条赛道上技术性赛道比例很高，如果遇到连续降雨，所有山路都变成了泥塘，2015 年参加过 **UTMF** 的小伙伴们一定懂那是怎样的崩溃。而我 2014 年就是因为连续大雨，赛道湿滑难度增大，止步于 88 公里。2015 年最独特之处是富尔奈斯活火山处于活跃喷发状态，在比赛前一天又开始了喷发。比赛当晚，当我跑在 30 多公里的山脊赛道上时，沿路有一个志愿者不断提醒每个人转头向侧面看。我才注意到，在繁星满天的夜空，隐隐约约能看到山谷对岸山峦的剪影，突然天空的一小块呈现出暗红色，应该就是火山口涌出的岩浆照亮了那一片天空。当时的感觉，太魔幻了。

2015 年比赛中，在离开起点 14 公里的狭窄山路上引发了超级大塞车，我 2014 年在这个地方堵了不到半个小时，但 2015 年据说前面有人摔倒需要救援，大概有 1000 人被堵了一个半到两个半小时。半夜山里非常冷，我当时处在 2000 名左右，身后至少还有 500 人，最后等到不耐烦，很多人在空旷的山野里骂娘。

我或多或少还是受到了这段塞车的影响，最终选择在 112 公里赛道最高点的 **Maido**（马伊多山）大补给站直接退赛了。当时刚刚经过了一段长达 7 公里的剧烈爬升，我觉得精神有点恍惚，抵达补给站时状态有点萎靡。此时距离关门时间还有将近两个小时，但不知为何产生了一种莫名的感觉，说不出来，就是觉得哪里不对。虽然当时除了彻夜没睡的疲倦之外，身体没有任何异样，或许是有点担心继续跑下去会意外受伤，

毕竟我几年比赛到现在，几乎从来不受伤。赛后回想，我更倾向于当时是一种精神上过度疲惫的反应。2015 年，我有点疯狂，全年 8 场比赛，留尼汪赛道最复杂的一场留在最后，何况之前一个月刚刚完成了“背靠背”的 UTMB + TDG，体能也的确不可能全部恢复。在赛道上跟一个意大利选手聊天，他得知我刚刚完成这两场比赛，鼓励我要完赛，在他印象里世界上还没有人能在一个赛季的 60 天内连续完成这 3 场比赛。按说这种鸡血对我应该管用，但显然那天无效。我在山顶退赛时的想法特别直白简单：“我的 2015 赛季可以提前一点结束了。”

赛后的颁奖礼上，我跟男子冠军 WAA 队的 Antoine Guillon 和女子冠军 BUFF 队的 Nuria Picas 合影留念，比赛结束那天他俩都特别高兴，因为凭借这场比赛的胜利，两人最终都在年度积分上实现反超，分别取得了 2015 年 UTWT 巡回赛年度男子冠军和女子冠军。

这项赛事在留尼汪岛不仅是一场越野跑比赛，更是持续一周的狂欢节。整个岛上的人都为之庆祝，包括参加 La Diagonale Des Fous 在内三

个距离组别的选手总共有五六千人，以及赶来助威的亲友团和游客至少有 5 万人——这对一个只有几十万人的小岛来说，毫无疑问是一个娱乐大事件。

在留尼汪，我发现随意跟遇到的普通人聊天都会收获意外的惊喜。我在赞助商展位电脑前查询成绩时，遇到了 11 次完赛的登山向导 Jean。在终点看到了一位完赛的中年大叔，他步履蹒跚，身体已经倾斜，拄着一根木棍挪到终点，完赛时间是 63 小时 39 分，这位大叔名叫 Pascal，58 岁，这是他第 21 次完成 La Diagonale Des Fous。半小时后，我跑到晚餐区要了一份鸡腿米饭，顺便跟一旁的一位身穿完赛衫的大叔聊天，他叫 Daniel Guyot，他说自己是第 25 次连续完成这比赛。我说，大叔您别逗了，去年才第 22 届啊。随后 Daniel 侃侃而谈，跟我说从 1989 年赛事前身开始，连续 3 年线路不同，名字不同，他都参加并完赛，直到 1993 年赛事才正式定下来现在的名字，然后他就一直参加到现在，2015 年他 55 岁。类似这样的对话，在我终点守候的两天里遇到了很多，感触就是登山徒步或奔跑是这些人生活中再自然不过的部分。因为来自法国和留尼汪本地选手占了参赛选手总数的70%以上，所以本质上这还是一个极具法国本土特色的赛事。因为加入UTWT巡回赛的缘故，越来越多像我这样的国际选手慕名而来，飞到印度洋的这个小岛上，努力穿越这魔幻的留尼汪岛。

拥抱孤独

跑步这几年，特别是参加UTWT之旅后，我自认收获了很多，改变了很多，但有一点我一直保持清醒，就是坚持自己热爱的事的同时，不把自己的想法想当然地强加给别人。我特别反对鼓动人盲目跑步，更是尽量避免自己向“跑步邪教教主”方向发展，所以每次有人叫我“跑步大神”云云，我都婉言表示反对。其一是我跑步成绩一直很慢，不值一提；其二是我一直希望用我电影本职专业所长做更多越野跑文化传播和推广的事情。推广跑步真正的目的不是忽悠更多人去跑步，而是希望通过讲述我和其他热爱跑步的人的故事，能激发出每个人寻找自己兴趣方向的热情，找到自己内心最热爱的运动和爱好，然后坚持去做，从中

发现日常生活新的可能性。

越野跑运动不一定是追求“更快、更高、更强”的奥林匹克体育精神，而是源于人对大自然的热爱。同时超长距离的越野跑，无论如何对身体都是一种过度损耗，不可能全是正面积极的效果，只能通过科学训练、恢复和补给，让这种过度损耗对身体的损害尽量减少。但如果像我一样依然去坚持，这就要看该如何审视自己的一辈子。对我而言，或许超马运动并不100%健康，但牺牲部分健康换来的是一种无法言说、关于孤独的独有体验。你之所以是你，我之所以是我，区分你我，除了各自独有的记忆之外，在我看来最重要的就是拥有真正不可分享的、独特的体验、体会与经历。这份只属于你自己，也只有你自己或许懵懂或许大致能理解的体验和经历，才逐渐塑造了你。而孤独，往往是获取这种

体验和经历的必经之路。学会触碰与拥抱孤独，是一生最大的财富，一个人跑步是直接触碰只属于自己的孤独最简单有效的方式。通过跑步，创造只属于自己的“孤独”。无论我多么热切地想与你分享，即使我们一起完成过同一条艰难的百英里或更长的赛道，我知道总有一部分“孤独”只属于我自己，无法分享。终于，我开始成为真正的我。

跑出勇气的意义

像我这样的慢速旅游完赛型选手，一场百公里比赛至少要跨一整夜才能完成，百英里比赛估计就要在赛道上坚持两个晚上，至于巨人之旅那样的比赛，更是要连续熬几个夜晚。超马越野赛，我一直认为与其说它是一种体力运动，不如说是一种精神力运动，因为每次比赛最难的部

分就是眼看着太阳落下去，黑夜来临，面对未知前路，无论是天气恶劣还是赛道艰难，只能义无反顾冲进黑暗，拥抱未知，然后一直奔跑到东方亮白，太阳再次升起。这种每次从黑夜到黎明的循环体验，我都会觉得是一种精神能量的增长，都多了一份直面夜的黑暗的勇气。“夜的黑暗像一只口袋，迸发出黎明的金光。”泰戈尔这句诗总是在赛道上迎来黎明一刻，跳进我的脑海。

跑出勇气，对我而言，就是勇敢面对生活前行的未知，保持好奇心，追寻属于自己的幸福。

CHAPTER SEVEN

07

奔跑的文艺女青年

“局限”的存在就是用来被打破的。

不断奔跑中，

我只想呈现一种可能性：

一个运动弱智、

一个永远处在放弃边缘的自控力低下者、

一个亚健康的文艺女青年，

能够尝试去坚持运动、

并从中寻找到很多乐趣。

作者简介

邵夷贝

爱好跑步的文艺女青年。80后，笔名邵小毛，北大才女，独立民谣歌手，原创音乐唱作人。豆瓣音乐人关注度第一名。她的代表歌曲有《大龄文艺女青年之歌》《麦兜响当当》等，出版畅销书《我站在蚂蚁这一边》。

选择跑步

北京的天气再度阴沉，可见度低，这个干燥异常的城市最近常常为自己营造出一副雾气蒙蒙的样子，虚实难辨。

此刻气压极低、空气不流通，与堵在环路上的汽车一样，整个城市凝固成一种“躁动的停滞”状态。以往这样的气候，我总是极为敏感地体会到气压的威力，胸闷气短，整天都无精打采，灰头土脸。

现在这样的状况不再明显了，大概是因为跑步。

关于跑步，只剩下一段挥之不去的痛苦记忆。现在仿佛还能清楚地看到那个场景：为了能够通过中考体育加试，一个胖少女被爸爸踹着屁股、流着眼泪和鼻涕，在学校操场悲伤地练习跑步的倒霉样子。

2012 年 12 月 2 日，柬埔寨暹粒，吴哥窟国际半程马拉松公开赛上，我拿到了自己人生第一个半程马拉松成绩。儿时记忆迎面飘来，那个跑完 800 米后蹲在跑道边上呕吐的胖少女，哭喊地享受着为自己争回的一口气。

在最开始跑步的一年多时间里，我的训练目标从只能坚持跑步 10 分钟到隔天跑 3 公里，再从每天跑 5 公里到每天 8 公里、周末长距离跑山。

对我来说，这绝对算得上是生命中的奇迹。

上学时一直像在疗养院里一样低耗能生活，所以刚毕业开始工作时，一个普通白领的工作强度便轻易将我击垮。那时在中关村某 IT 公司上班，上班路上有一个半小时消耗在堵塞的三环路。早上 9 点钟来到公司，还没开始工作便累得要死了。最初公司很看重我，认为是个值得培养的上进青年。但是从第三四个月开始，我便每周都要找个理由请病假。再之后，已经不需要我主动请假了，领导看到我青着脸、半趴着在电脑前工作，呼吸急促、仿佛行将就木的样子，不得不咬牙切齿地劝我回家休

息，怕造成工伤。

呼啸而过的青春，还没意识到便已不再，仅留下一个虚弱的身体。脑中构建的那个有为青年组成的美妙世界光鲜亮丽，身体却怎样都跟不上进度，太令人失望了。

于是我决定开始跑步。

我只想呈现一种可能性：一个运动弱智、一个永远处在放弃边缘的自控力低下者、一个亚健康的文艺女青年，能够尝试去坚持运动，并从中寻找到很多乐趣。

有句话我很喜欢，“人之为人最光辉之处，便是他永远存在于局限性中，却能时刻摆出奋力向前的姿态”。对于我们和世界的关系，我是悲观的，改变世界也远不像被世界改变那么容易。但是像跑步这样的事情，渗透出的奋力和坚持，是我在悲观中寻找乐观心态的

仅有方式。

所以，奔跑吧，女青年。

开始跑步

2010 年 12 月的某天，奥林匹克森林公园的塑胶跑道上，目标 5 公里。一个一身运动装扮、格外像运动健将的小个子女子，昂首挺胸地迈开了自己人生的一大步，同样也是跑步训练的一大步。

步子迈得确实很大，并如此规模迈动了三四下，终于意识到一个严重的现实问题——屁股抽了筋。不是夸张，这雄心壮志想要展开运动生涯的第一步，导致我左腿大腿根部到屁股的某根筋搭错了线。疼倒不是很疼，但是那种特别弱智的不舒服感强烈地刺激着我的臀部，并引发一个至今还在困扰着我的疑问："屁股抽筋了该怎么拉伸？"

当时的我就这样带着困惑站在运动气氛浓厚的塑胶跑道上，缓慢并扭捏地转动着我的左臀，想要寻找到搭错筋的那个点。那倒霉样子，看起来像是内裤夹到屁股沟里了似的。

搭错筋的那个点最终没有找到，我第一次奥森跑步之旅，在一瘸一拐的困扰中走了 5 公里。看到一个个从身边健步走过的大叔大妈，心情格外复杂。

回家之后，我开始认真地查阅和研究跑步训练计划，发现那个"一上来就要跑 5 公里"的心理预期，是导致我屁股抽筋的罪魁祸首。对我这样的运动弱智来说，将一项运动顺利加入生活的方式，必须是清新温和并细水长流的。要想一口气跑到 5 公里，先要从每天坚持走 15 分钟开始。如果第一次就力不从心，第二次便只会心有余而力不足了。

这和写歌或者写作是完全一样的。每当你准备去写一个“绝世经典”的作品，一定是一次处在“绝世经典”状态中的亢奋的失败。要么用力过猛，要么什么都没弄出来。必须持续地、放松地写，并在这其中撞到一次“不经意的重要时刻”。

第一次一口气跑过 5 公里

我的第一个连续 5 公里是在青岛完成的。

当时我住的酒店在青岛八大关临海的木栈道旁，这条木栈道是青岛滨海步行道最好看的一部分，木质结构、沿海而建，串起了八大关、第六海水浴场、鲁迅公园、栈桥等几个重要的景点。

早上出门跑之前，必须先在房间里热身。不能穿太厚的衣服，跑的过程中一定会出汗；而刚出门又一定会冷，所以必须把身子弄暖。

从酒店窗外的木栈道出发，向西跑到第一个木头台阶处，约有 2 公里，这是我前 3 天跑步的临界点。在这里气喘吁吁、手撑膝盖，然后扶着膝盖挪上 3 个台阶，没有一点力气跑，便开始了美好的“海边健步走”。当第四天，我毫无压力地跑上这 3 个小台阶并依然有体力接着跑的时候，心里是流着感怀之泪的。

有一只悲伤的大黄狗，在两次晨跑中被我看到过。它毛色很漂亮，这样的冷天依然在外流浪，对人极为警惕，总是远远绕开在海边散步的人和宠物狗。

在我挑战连续跑 3 公里的那天早上，看到栈桥东边入海的台阶处围

了很多人。歪头往台阶下看了一眼，便打消了原本不想停下来的念头。那只大黄狗正湿漉漉地站在涨潮的水中岩石上，不理睬岸上人们的叫喊，直愣愣地望向大海深处，仿佛决意要死。

一个大学生模样的青年，穿着崭新的呢子大衣，正试图蹚水救它，身后是母亲模样的阿姨在大声制止。我小跑着下了台阶，打算做个帮手。

大黄狗站的地方离台阶不到两米，走过去只需要蹚一小点水。穿着跑鞋浸在海水里，感觉水比冰还冷，双脚刺疼刺疼的。大黄狗在冰水里止不住地打着寒战，对我们的靠近毫无反应，一动也不动。我和那个男孩分别抓住它的前后腿，抬着它上了台阶。狗趴在地上不停地发抖，我想要摸摸它，又有些怕惹恼它，就收回了手。就在我站起来的同时，大黄狗也迅速地站起来跑开了。我跟着它跑的方向跑去，它看到我，便钻进路边的绿化带消失不见了。

一只不靠近别人的流浪狗，独自站在这座城市最美丽的风景中，视死如归、不愿回头。这画面时刻重现在我的脑海中，带着它沉默的冲击力。一只狗的绝望，抑或一只狗的险境，多少说明了这片美丽风景在它眼中所呈现的样子。

我的第一次连续跑 5 公里，也是在这条沿海栈道上。离开青岛的前一天，决定尝试坚持跑一次。开跑时速度很慢，几乎是用跑的姿势在挪动着。说来奇怪，连续几天跑步，身体似乎明显变轻了些——不是体重上的减轻，而是动作上的轻盈。

跑过 3 公里，疲惫感突然全无，有种“就这样一下子跑完马拉松都不会累”的错觉。

第一个 5 公里完成得相当轻松，它似乎就是一个触手可及的点存在在那里，不知不觉便跑到了。说是“触手可及”，也可以说是“触手只能及”。当手机中的跑步软件报出这个距离的时候，我的身体也相应地软塌塌起来。当然心情是狂喜的，仿佛在自己身上掘出了宝矿似的。

在青岛的近 10 个冬日，我用双腿去了很多难得人少的景点。也向跑步或者骑车爱好者推荐青岛的这条沿海步行道，从东到西总长约 36.9 公里，包括了这座城市的所有沿海景区。当时的我用腿连走带跑，经过了其中的十几公里，对那些以前去过很多次的景点产生了完全不同的印象。

第一次正式比赛——草原马拉松

我参加的第一个正式比赛，是 6 月底内蒙古草原上的赛事——铁木真草原国际马拉松大赛。

40L 的背包装好：一双公路跑鞋、一双运动后恢复用的洞洞凉鞋、快干跑服、跑步压缩裤、跑步短裤、防晒防雨皮肤衣、跑步腰包、少许能量胶、少许换洗衣服、旅行套装的洗漱用品。之前自己一个人走过印度不下 10 个城市，对于打包这件事可说轻车熟路，算得上是个“随时上路”的高手。

当天只有一班飞往锡林郭勒的飞机，小型客机。背着包上了飞机，发现飞机上大都是老外。

整个飞机上的乘客基本都是来参加比赛的，有些是跑步，有些是山地自行车。这届比赛的参赛选手国籍多达 37 个，中国籍仅占 10%。赛后和主办方的工作人员聊天：“有好多不同国家的人啊。”“是啊，因为是‘国际’马拉松比赛啊。”

机场有大巴接机，直接开到酒店。在酒店的大堂排队领号，拿到了马拉松比赛的标配——拉绳背包、号码牌、T恤、计时芯片。因为提前一天到达的关系，放下东西便和朋友一起去勘测赛道。

比赛起点处（也是终点），是这座城市的城市广场，当时正在进行第一天的山地自行车比赛。刚雨过天晴，冲向终点的选手个个泥巴满身，将所有的疲惫甩在冲线的瞬间，变成一个又一个尽情撒野的泥人儿。

从终点走上一段坡度较高的柏油马路，便看到草原。雨后阳光温柔、云彩洁白，草都是湿润着的，大小花丛点缀其中，景色美好得不像话。看到这样广阔的草原，好想变成一只马去啃草！

刚走上泥泞的赛道，便看到警车开道。警车后4个姿态相当飒爽的大长腿自行车选手飞驰着骑过来，姿势、气场明显和刚刚冲线的疲惫选手们不同，应该是当天长距离组的前四名到了。几个人肌肉紧绷、埋头

蹬腿、力量用到仿佛身体要爆炸了一样。毕竟快到终点了，这是重要的冲刺阶段，站在一边的我都能感受到他们体内的疲惫和挣扎。

这是我第一次参加跑步比赛，一切都相当新鲜。一件排汗运动衣、一条压缩裤，外面套一个跑步短裤，脚下是一双公路跑步鞋。将计时芯片系到鞋带上、用别针把参赛号码别到身上，整个过程相当有仪式感，好像自己授予了自己一个“正式跑者”的荣誉证书一样。

这次比赛前最大的失误，便是吃多了早餐——典型的既没常识又没自控力导致的失误。我爱自助餐，特别是酒店提供的免费自助早餐（虽说常常睡过头赶不上，但这更加深了我对它可遇不可求的美好印象）。

西乌旗酒店的早餐有很多蔬菜和水果，相当健康绿色，看起来好像很适合跑者吃。但是这些东西实在不适合赛前吃，既撑肚子又没热量，并且通便……待我打着饱嗝来到起跑处，已有便意。万幸提前到了一小时，如厕的队伍又不是太长，赶紧牺牲热身时间辗转几次，终于幸运地清空了身体。

还有 10 分钟开始比赛时，所有选手要走到起跑处等待发令枪。起跑点是由左右两列围栏围出的一个长条形、和跑道差不多宽度的区域。

起跑区域用三根起跑线将三组选手按前后顺序隔开：最前面一部分是参加全程马拉松的选手，中间是参加半程比赛的选手，最后是我们这组参加 10 公里的选手。因为是偏旅游性质的比赛，选手们有很多看起来明显不是跑者的模样，所以除了跑量上的区分，从样貌上也能够大概看出组别的不同：全程选手多数是看起来皮包骨头的长跑运动员长相；半程选手都是擅长运动的样子，但不太会被看作是专业运动员；胖子、微胖届代表、运动员家属和脸色不好的亚健康人士集中在我们组。

在我们这忧伤的一组里，除了上述类型的选手外，还有3个统一着红色运动装的体校学生，在大家放空或者闲聊的时候，已经紧挨着起跑线站好,腰身笔挺,双脚微微呈弓步,随时准备出发了。10公里组前三名，在还未起跑时便已经敲定，前三名才有的奖励基本上和我们这些“弱矬肥”的选手没有关系。

3个红衣少年准备起跑的姿势使我产生了压力，害怕他们将整体成绩带快，导致我设定的“不跑倒数第一”的目标成为泡影。于是我只好转过身不看他们,并在此刻,目光与我第一次10公里比赛的“男神”相遇。

如果说“人之为人最光辉之处，便是他永远存在于局限性中，却能时刻摆出奋力向前的姿态”的话，那我的“男神”此刻便散发着比太阳还要耀眼的“光辉”。他作为一个接近200斤的胖子，站在长跑比赛的起跑线上，坦然地微笑着，姿势标准地转动着膝盖和脚腕，带着一种悲情的美感。我甚至不好意思冲他微笑，怕这微笑传达出太多“得意”的成分。于是我装作淡然地转过身去，内心是“不跑倒数第一”的目标达成的窃喜。

谢谢所有先天条件不如我的跑者，他们对自我的挑战，使得我不需要再将“我参加比赛只是为了挑战自己”作为自我安慰的借口，还能享受到部分战胜别人的乐趣。当然，像我和我的“男神”这样起点很低的跑者，在坚持跑步的过程中不断获取的由提高带来的成就感，远比第一次便跑第一名的人来得延绵且丰厚。

回到草原马拉松的起跑现场，距离起跑一分钟的提示声音响起，第一次参加跑步比赛的我、身后一个光芒万丈的胖子以及一众或业余或专业的跑者，开始忐忑地等待起跑枪响。此时我脑中空空，只愿顺利跑出去不要跌倒、安然完成赛事。用 GPS 跑步手表的选手，把手指放在表的按钮上等待起跑枪响。我则很业余地拿着手机，把手指放在跑步的 APP 软件起跑按钮上方，耳机里的音乐放着我喜欢的抒情慢歌。

发令枪响特别大声，吓出我一个冷战，很久没有在现实生活中听到枪的响声了。跟着周围的人慢慢移出有些拥挤的起跑区，宽阔的马路使得很多人开始加速。10 公里组的 3 个红衣少年像鹿一样跃动着他们纤细的腿，毫不费力地远离了我的视线，使我感到格外辛酸。

不论大家实力如何，只要一上来的速度超出了自己的能力范围，后程的比赛基本上会变成自虐和放弃的纠结。

我保持着自己的缓慢，被一波又一波兴奋的选手超过。侧脸看到和我速度相当的正匀速奔跑的选手，彼此致以武林高手之间默契的微笑。笑着笑着便到了出发后的第一个大坡，在大约两公里处，宽敞的柏油马路迅速变陡，前面的选手已经需要抬头仰视。那些活蹦乱跳超过我们的

青年立显颓势，我的“男神”也缓缓地退回到我面前。望着“男神”那白皙并松软的背影，仿佛看到一块被咀嚼过的口香糖正在奔跑，他努力地摆脱黏力、挣扎着向前，无奈速度却越来越慢。虽然我耳机里有音乐，在超过他的时候依然能听到他粗重的喘息声，我忍不住冲他喊了一声“加油”，他脸上露出了相当痛苦、格外勉强的一丝笑。

跑过第一个爬升，向左边一拐，便到草原。虽说之前看到过这里，但是再见这翠绿连绵的山丘、碧蓝无边的天空、纯净清淡的朵朵白云，依然被震撼。3 公里的标志牌立在绿草地的边缘，预示着我已经跑过将近 1/3 的路程。

进入草原赛段，比赛的旅游性质便开始凸显。选手们三五成群地互相拍照留影，比赛的气氛迅速下降。

我以前有几次跑 5 公里的经验，但在这次比赛中不怎么适用。因为这是一次介于公路马拉松和越野跑之间的比赛，有部分草原泥土路和爬坡路段，对只在平缓的马路练习过的人来说，这算是一个新的挑战。还未到 5 公里补给站，我已经开始气喘，加上拍照和兴奋耗掉了一些体力，疲惫感一下子涌来。

好在看到了补给站，在马拉松比赛中，补给站不仅有“可以喝到水”这么一层存在意义，它还可以作为比赛的结点、小目标，将长距离比赛分割成一个又一个短距离的累计。

对没有办法顺利执行宏大计划的拖延症者和没有足够经验按照规划速度完成马拉松比赛的跑者来说，将大的目标分成小份来完成，是相当好用的做事方法。我甚至通过时间上的碎片化，按照 15 分钟一个计时单位的方法来做事情。只需要集中 15 分钟，便可以轻松获得成就感，不尝试是没有办法知道：集中注意力的 15 分钟，是可以做很多很多事情的。

到了草原马拉松的 5 公里的补给站,我拿到了一瓶脉动。十分可惜，只能喝两三口，便将瓶子和饮料扔到了旁边，大多数跑者没有办法携带这么重的一瓶水持续接下来的运动。超过补给站的几十米内，遍地是半瓶的脉动，看得我格外心疼。北京马拉松之后，很多人拍摄到了补给站之后遍地水杯的狼藉样子，用“没有素质”之类的评价来批判选手。实际上几乎国际上所有的马拉松比赛补给站都会出现这样的场景。因为时间有限，选手的补给多数情况下是在奔跑的过程中完成的，喝完的水杯只能直接扔到路边。我们没有办法要求几万个争分夺秒的比赛选手去寻找垃圾桶、排队扔垃圾。

很多时候，我们的评判标准常常局限在自己的认知范围内：就像没有参加过比赛的人，看到这样狼藉的比赛场景，就会认为是比赛“独有”的不正常现象。作为一个公开发表作品的音乐创作者，我有过很多这种经验，接受过各种各样的评价。有人说我“无人知晓”，有人说我“红极一时”，有人说我“投机取巧”，有人说我“低调执着”……一开始我会被各种各样的评价左右心情，但听得多了，便发现这些评价都是每个人根据自己的认知、自己的圈子和视野，总结出来的“我”，基本上和真实的我没有什么关系。

第一次参加比赛的我，也因为补给站的凌乱而充满了卫道士般的正义感。但是这凌乱很快就被抛到了脑后,我的 10 公里比赛进入了后半程，路线也从美丽的草原风景变成了枯燥的公路。公路马拉松相比较越野跑，更倾向对专注力和耐力的训练，没有其他吸引注意力的点，身体的疲惫

感便被无限放大，不得不走几步喘口气。

煎熬着跑跑走走，终于看到了终点，我超过了两三个10公里选手，进入冲刺阶段。

因为10公里、半程和全程马拉松一起出发，终点又一样，作为短距离比赛的选手，我是整个赛事最先到达终点的一批。终点处的观众似乎根本注意不到距离的长短，像欢迎英雄一样冲我尖叫着，导致我的冲刺速度极快、步伐极大，被拍出了几张跑姿相当飒爽的照片。

1小时6分，第一次10公里比赛顺利完赛。穿着蒙古族服饰的女孩给我戴上了完赛奖牌，我站在一边拉伸着等待比赛成绩。看到结果时好像做梦一样，我竟然是10公里女子组第十名！中国籍选手第一名！这是我在运动事业上获得的最大荣誉！

万分感谢意义重大的第一次好成绩，让跑步在我心目中的乐趣无限提升，“成为跑步健将”好像指日可待了似的。万分感谢有这样旅游性

质短距离比赛的存在，为业余选手带来好多希望。看来“我是一个运动白痴”也只是自己的头脑为自己设定的局限而已。看来“局限”的存在就是用来被打破的，否则就失去了它存在的意义。

第一次半程马拉松——北京马拉松

5 点钟醒来，少量开水疱原味麦片，两分钟待它慢慢膨胀后倒上牛奶，牛奶微稀、口感温热，配上两片吐司面包，便是我最习惯的早餐。

这些热量当然是不够的，这天是 30 多年来最冷的一届北京马拉松，我将完成人生第一个半程马拉松比赛。这顿早餐，我既需要摄取足够多的热量来奔跑，还需要摄取足够多的热量来御寒。同时，对稍微不注意便会臃肿的体质来讲，过剩的热量又会累积成脂肪。如果拼死拼活跑了 20 多公里下来，反而长胖了很多，更是打击人呢。

我带着这些想法站在厨房里，面对着打开的冰箱门，久久不能平静。

蔬菜、水果之类高纤维通便的东西不方便吃，训练了这么久，如果因为一泡屎影响了成绩，都不好意思说出来解释。能量胶、士力架、巧克力已经伤害过我了，第一次 100 公里徒步我长胖了近 5 斤，都拜过度食用这些东西所赐。

就在此刻，冰箱门上那瓶只剩瓶底的原味伏特加突然闪动光芒。于是我默默打开我的微型补给瓶，倒入了 3/4 的伏特加和 1/4 的橙汁，欣慰地拧紧了瓶盖。

我的第一次半马，随身携带的腰包里装了两个能量胶、3 小包西梅、200 块钱、1 张公交卡、1 个手机、1 小瓶伏特加……（最后一项是否科学无从考究，只是一个怕冷且爱酒人士的个人选择，毫无参考价值。）

穿戴好跑步装备，带着狗下楼遛了一圈，好冷……回来换了一件羽绒外套，出发。

因为召开中共十八大的缘故，北京国际马拉松比赛从惯例的 10 月中旬延至 11 月下旬，历史上最冷的一届北马。气温虽如此，大家对比赛的热情却高涨得不行。11 月 18 日，报名启动的第一个小时，官方网站报名就已达到 4100 人，到当日 19：00 报名人数便突破了 24000 人。

比赛这天，约 30000 人会从天安门广场出发，在这个阴霾的、空气质量明显不好的冬日清晨，饱含热情地集体折磨自己的身体。

我也是其中一员。

为此，我理性地思考了一下恶劣空气和跑步的关系，做了如下“逻辑”分析：

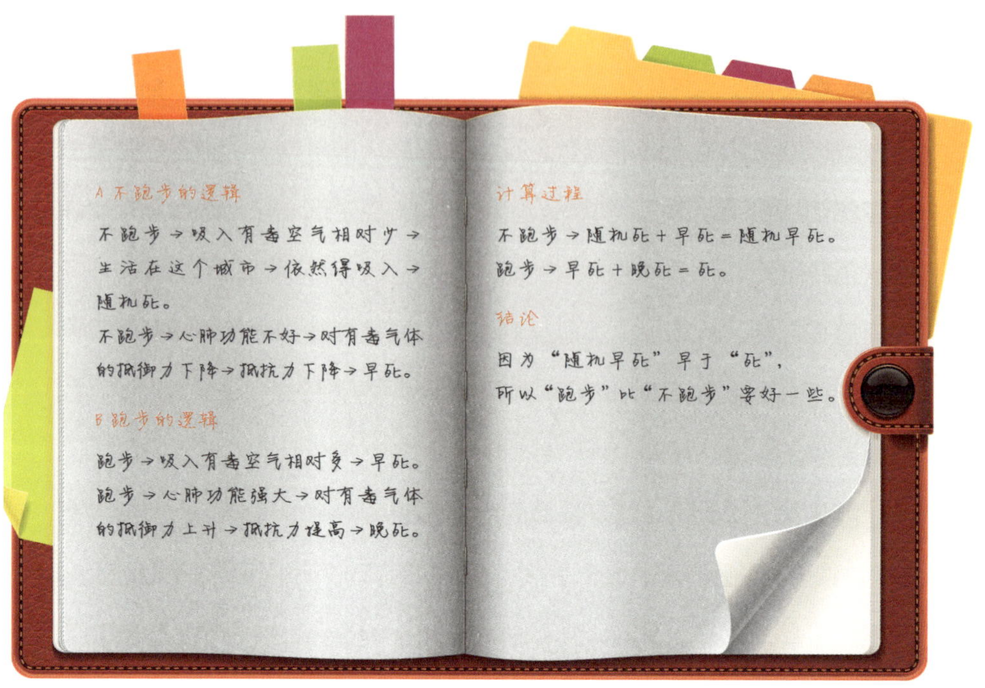

得出这个结论之后，我很满意。

在这里不得不赞叹天安门广场的宏伟庞大！原本30000人在我的概念里是相当壮观的一大群，但是这么多号人放到天安门广场里，广场依然空旷！

参赛选手集中在广场右边，按照“专业 / 特邀 /VIP 选手—全程选手—半程选手—迷你马拉松选手”的次序先后隔开。每个区域都有一排流动厕所车，每个车分别有一个男厕和一个女厕，目测来看，半程区域有差不多5辆厕所车。大概是报名半程比赛的女选手相对较少，我生平第一次看到男厕所排着长队、女厕所空无一人的景象。就在我充满优越感地走向其中一个空空的女厕时，有几个男选手终于耐不住性子，抢先一步霸占了这个厕所，并默契地分工，让人在门口站岗。在旁边男厕排长队的选手见此情景，迅速展示了运动健将的极快反应能力，转眼间，相邻的男女厕所便排出了两条差不多长的男选手队。看他们人多势众、急于如厕的苦恼样子，我只好充满同情地向另外一辆厕所车走去。

上完厕所，广场上正有几个姿势健美的男女青年带着大家热身。音乐是当时火热的《江南 Style》，大家也配合地跳着难看的骑马舞，人人脸上都挂着不太好意思的憨笑。

活动后身体微热，我便脱了面包服和冲锋裤，套上组委会统一发给大家的一次性塑料雨衣，将厚衣服塞进包里送到了存包处。此时距离起跑还有 20 多分钟，大多数人已经存好包，人人都套在蓝色的扁扁的一次性雨衣里。

大概想要夺取名次和奖金的选手都在最前面的 VIP 区域吧，我们这里看起来毫无竞赛气氛。我慢慢踱步到起跑线，没有看到谁是在专心等待发令枪的样子。大家有说有笑、拉拉扯扯，四处都是塑料袋摩擦的声音，搞得我都不太好意思认真地设定 GPS 跑步表。这感觉与上学时候的状况一样：考试前周围的人都嚷嚷着玩通宵，像我这样太过在乎别人看法的人，便马上不好意思认真复习了。

因为个子小，视线相当局限。前后左右不断有人们发出集体的叫喊，我完全不清楚发生了什么情况。手表上的时间已经是 8 点半，按理说需要起跑了。发令枪响没有听到，人们的叫喊声依然此起彼伏，身边的人开始慢慢向前移动，好像比赛已经开始了。

我就这样在非常困扰的状态下开始了我的第一次半程马拉松比赛。冲出起跑线的过程非常艰辛，脚下都是前面选手扔下的一次性雨衣。为了避免一起跑就摔个大马趴，我只好集中精力盯着地面，像超级玛丽躲避乌龟一样不断地跳跃着。

在天安门前面的长安街上聚众奔跑，这还是头一次。虽然地上被抛弃的雨衣、棉袄甚至裤子密布，我还是勇敢地掏出了相机，拍摄下这一年一度的奇观。伟大领袖毛主席的画像淡定地注视着这些在迷雾里热情万丈的青年，这场景对他来说既熟悉又陌生，充斥着来自过去的热烈和关于未来的不可预知。

宽阔的交通管制的长安街，被密密麻麻的跑步者塞满。前后浩荡无边，3 万人的气势终于体现出来。经过中南海的新华门时，人群中不断响起无组织无纪律的喊叫声，一个光着上身、穿着短裙渔网袜的男孩从我身边跑过，队伍里持续着一种无法释放的骚动。

这次半程比赛，我的目标是跑进两个半小时。半程比赛的关门时间两小时 45 分钟，设定这个目标给自己，同样是为了让自己取得成绩即可，只享受比赛的乐趣，不承受比赛的压力。按照这个设定，我每公里只需跑 6 分 50 秒到 7 分钟便可以了。但是当从长安街右拐的时候，也就是大约在 3 公里时我看了一下 GPS 手表，我竟然保持了每公里 6 分 10 秒的好成绩。

当然这成绩也不是我自己选择的，前后都是人，想要慢下来反倒需要耗费更多的体力。好在平时训练我也跑过这个速度，累是一点也不累，心里便渐渐有了“跑出一个出乎意料的好成绩”的想法。

5 公里处是第一个补给站，志愿者用纸杯分发矿泉水和运动功能饮料。地面已经被前面选手扔的纸杯水弄湿了，有些滑。喝了一口矿泉水，冰凉，远不及我腰包里的伏特加美好。

比赛前我至少隔天跑个六七公里，所以 5 公里对我来说没任何感觉。耳机里是一堆节奏统一偏快的舞曲，完全不是我喜欢的风格，甚至不知道是谁唱的，只是为了用它的节奏调整自己的步速，实际上很对不起自己的耳朵。大约 7 公里的时候超过一个装扮成超人和一个装扮成圣诞老人的选手，他们边跑边互相拍照、大笑地摆着各种奇怪姿势，一股子肆无忌惮的青春劲儿。看到他们身上的全程马拉松牌号，无法想象到 30 多公里的时候他们会是什么样子。

大约10公里的时候我轻松地超过了官方的“5小时兔子”[1]。也就是说，一般情况下，只要不被她超过，我就能顺利完成“半程马拉松两个半小时完赛”的愿望。而且按照这个速度，我也许能幸运地跑进两小时呢。喜悦的情绪冲上心头，路边加油的群众也显得可爱极了，虽然有些人的加油声中明显带着“你们赶紧跑，好让交通管制尽快结束，我要过马路！”的急促情绪。

十二三公里立交桥的拐角处，辅路路边有一圈建筑工地的临时围墙。有一大批男选手正在面墙解决个人问题，围观的群众于是幸灾乐祸地大声起哄。听到叫喊声我望向墙壁方向，眼睛有些花，似乎看到了3D的人影立体壁画。看清楚之后有些不好意思，便埋头加速。于是按照GPS表的显示，我在这里创造了后半程的最快时速，自己实在是一个保守而传统的人呢。

17公里的时候我摸到了腰包里的西梅，依稀记得高木直子在《一个人跑马拉松》里讲到她会在跑累的时候含一颗“梅子”[2]。她似乎说过梅子既能补充盐分又能有酸酸甜甜的好滋味，是长跑比赛中一种很好的自我奖励。我觉得是时候给自己一些奖励了，于是边跑边打开一小包。一颗西梅进到嘴里，甜极了，似乎没有盐的味道。于是我又仔细地看了

〔1〕马拉松比赛中的“兔子”，是指控制比赛节奏的领跑者。大部分马拉松赛事，组织方会指定一些人作为“兔子”，按照规定的完赛速度配速，带领想要按照某个成绩完赛的选手用更好的配速完成比赛。最初专业组“兔子”的设定，是为了提高赛会成绩，因为想拿冠军的选手大都不肯领跑，这样会造成冠军成绩不佳。于是这些“兔子”会按组织方的要求配速领跑半程或者更多。除了为冠军领跑的兔子，其他的“兔子”会按照从230（两个半小时）到530（五个半小时）的速度分别配速，带领业余跑者完赛。

〔2〕高木直子书中讲到的其实是话梅。没有那么多梅肉需要咀嚼吞咽，且盐分更多。

下包装袋，欣慰地看到“盐”字出现在原材料列表中，便将包装袋塞到了口袋中。这些动作都是在跑步的过程中完成的，之后便是边跑边愉快地咀嚼着西梅那大块而柔软的梅肉。终于，不出所料，美味的梅肉带领着冷空气进入到我的肚子里。

耳机里报距离的 GPS 女声敬业地说着：“还有 3.6 公里。”我顺势停下脚步，走到人行道上，用手猛按左腹。一团气体被闷在里面，找不到出口。这是一次相当严重的岔气，比我平时跑步训练经历的岔气都要疼。面部五官因为痛感而纠结地向彼此靠拢，一个路边的警察正向弯腰作痛苦状的我走来。“就剩 3.6 公里！平时训练，这点距离才刚够我热身的！腿脚此刻也不怎么累，真不该嘴馋吃西梅啊！不知道学点儿好！”我脑内流淌着这样的话。

“没事儿吧？”警察说。

“没事儿，岔气儿！”我强装轻松，直起身子回归到跑步的队伍中，内心默默地许下一个心愿——愿上天能帮助我将这团冷气变成一个臭屁，顺畅地释放出来。

这个心愿未能实现，赛前“全程不走”的愿望也被打破。我艰辛地走走停停，眼睁睁地看着自己跑进两小时的可能性落空，不断地自我催眠:“就剩这么儿步路了，对你来说小菜一碟，一口气拿下吧！”

疼痛是一种带有穿越功能的身体感受，能让人的脑中一下子闪出很多个与此疼痛等级相似的瞬间。忽略掉疼痛的折磨感，将注意力聚焦在“体会疼痛”本身，其实有一种残酷的美感。

麻药和止痛片某种程度上使人类找到了避免疼痛的方法。但是对生命体来说,疼痛是一种重要的自我保护功能。看过一本和疼痛有关的书，描述了某种病人的一些“无法感受到疼痛”的症状。看到那些因为意识不到疼痛、不断将自己置身于危险之中的人，自己会默默庆幸能够感受到疼痛，不至于在一种混沌的状态下毫无意识地死去。

可是现实中，随着底限的无下限扩延，我们接受能力上的“痛感”已经越来越弱了。“无痛”看似一种保护机制，减弱了外界不幸对自己的打击。实际上随着“无痛”的扩延,我们每个人都将被置身于一种“无法被同情，得不到关注”的情感真空中。

村上春树在《当我谈跑步时，我谈些什么》的前言中写到一段对马拉松运动冠军的采访。“其中一位选手，自从开始跑马拉松，每次比赛都要在脑中回味哥哥（此人也是一位长跑运动员）教给他的两个句子：Pain is nevitable。和 Suffering is optional。这便是他的真言。其微妙的含义难以正确地翻译，明知其不可译而硬译，不妨译成最为简单的:‘痛楚难以避免，磨难可以选择。’关键词是这个 optional。假使说，跑着跑着突然觉得:‘啊呀呀，好累人啊，我不行啦。’这个‘好累人’是无法避免的事实，然而是不是果真‘不行’，还得听凭本人裁量。”

回到北京马拉松正在腹痛的我：面前不到 3 公里的距离便是终点，脚下步履维艰，脑中正在选择着承受磨难的方式。耳机里突然响起

Green Day 的《Wake me up when September ends》，中文名译为“一觉睡到国庆前”。这首歌来自 2009 年的史诗专辑《美国蠢蛋》，歌曲的 MV 描述了一个和伊战有关的凄美爱情，旋律和歌词却带着与此无关的充满魔力的矫情和煽情，是我极为钟爱的一首。唱起歌便暂时忘了痛，顾不上身边跑者的侧目，仿佛变成个宝莱坞歌舞剧演员，把最后的力量燃烧在这煽情的 3 分多钟里。

就像《少年派的奇幻漂流》中关于告别的一段描述：“那一天的细节我都清楚记着，但偏偏忘记了怎样告别。”Green Day 之后到终点的路程，对我来说几乎没有太多印象。整体感觉就是进入“跑劈了”的状态，腿脚机械运动、头脑放空，完全不知道自己在干什么。似乎是被工作人员拽进半程冲刺的辅路的，半程选手在知春路拐进辅路冲刺，全程选手则继续前行。终点已在眼前，我激动地走着，用尽一切办法想要做出跑的姿势，但却没有成功。我眼望着在主路上奔向后半程的全程马拉松选手，内心是深深的、深深的同情。

按照 GPS 手表的记录，我的第一次半程马拉松比赛成绩为 2 小时 18 分 45 秒，顺利超过赛前预期。混沌地跟着人群走，看到长队便排起，以为是计成绩的地方[1]。排到跟前才发现是商家活动，为完赛的选手拍一次成像的宝丽来照片。排到我时只剩10张相纸，看到身后还有长过50米的队伍，突然有了一种“跑得还挺快”的优越感。

在冷风中寻找带有我编号的行李寄存车，身上的汗水变凉，开始吸收身体的热量，冷到了骨头里。找到背包赶紧把羽绒衣穿上，忍痛在路边的大树旁拉伸，周围都是疲惫不堪的瘫痪状态青年。我的腿几乎失去知觉，如果再不赶紧拉伸，第二天醒来可能连僵尸都做不成，只能做木乃伊了。

简单拉伸后实在是太冷，我便随着人流走向地铁。午饭是一顿靠近地铁的火锅，蒸汽中恢复了僵持已久的面部表情，感觉相当美好。一上午的“自我选择的磨难”得到慰藉，小瓶子里的伏特加也被我一饮而尽。

这是我第一次跑过20公里，也是第一次真实地和马拉松过程中的“磨难”面对面。想来，如果事情在“痛苦”的时候便终止，那么“痛苦”就只呈现为“痛苦”；如果坚持过了“痛苦”，得到一个相对美丽的结果，那么“痛苦”便成为了“过程中的丰富经历”。

就算这是大脑对身体的一种欺骗，我也甘心被骗。所有的感受不过是大脑在做自我定义，何不定义得好一点？

---

[1] 这次北马的半程比赛选手没有计时芯片，说是手写成绩，却没有找到记录成绩的地方。第一次半马的成绩只能从自己的手表上看，略显遗憾了些。

CHAPTER EIGHT

08

圣地亚哥朝圣之旅

跑步陪我走过生命里一个个十字路口，
已经渐渐成了我的一种生活方式。
在跑步的世界里，
我自由欢快地穿梭于公路跑和越野跑之间。
那一步一个脚印的进步，
带来的快感让我着迷，
我不再浪费自己的任何空闲时间，
而是将其全部投入到跑步上。

作者简介

汪瑞芳

越野跑圈声名赫赫的一位女跑者，她训练非常刻苦，北京大觉寺那条经典线路都快被她跑成自己家后院了。爱写、爱旅游、超能跑的她还是个大学霸，职业是高级算法工程师。她把生命分成 Coding、Writing、Running 三条线，立志让每条线都走得更高更远。

在老大不小的年纪，如果说我看世界的眼光依然如孩童一样，充溢着热情、好奇、自由自在，你会相信吗？反正我越来越相信自己是这样的，而在不断奔跑中，这份笃定越来越强烈。跑步这件事儿，陪我走过生命里一个个十字路口，已经渐渐成了我的一种生活方式，也是我生活里不可或缺的一部分。而这千万步的积累，稳稳地带我跑向一个温暖的自我，也许还在温暖他人。

因为爱，重拾儿时的奔跑

2009 年 7 月 4 日，有一个我敬佩的男孩，是他促使还未有过单次跑步距离超过 5 公里的我，无厘头地以队长身份站在了首届永定河百公里穿越赛的起点。虽然艰难的两日团队赛体验，以我的受伤退赛告终，但我坚持跑跑走走完成了 70 公里路程，给同行的朋友们留下了深刻印象：我拥有优异的体能与耐力！那个男孩顺势建议我开始跑步锻炼，并相信我以后会有更好的户外运动表现。

这是一个重大的转折点。

接下来我被毫无悬念地纳入中国科学院科苑星空 BBS 跑步版的大家庭里，正式开启与朋友们一起跑步训练的日子。不久后，我开始担任跑步版的版主，每周进行三次例行跑步训练的召集和活动组织，还要负责各类跑步赛事的团体报名以及组织参赛。我一个标准的热血青年，被一群有相同爱好的人簇拥支持着，就这样在不知不觉间，跑步占据了我科研以外的大部分时间。在微信还未出现、微博还未流行的年代，我的 ID “ruiniao” 逐渐在 BBS 上变得有名起来，无论冬夏，我都领着惯于埋头科研的科苑人，奔向清华和北航的操场，奔向奥林匹克森林公园，奔向长跑节，也奔向马拉松。2010 年底，我离开科苑，去西班牙留学，完成了自己任版主之初的承诺——创立中科院研究生院科苑爱跑协会，让科苑人能够快乐健康地跑下去。在一年的时间里，我的跑步水平也越

来越高，从 5 公里、10 公里、全程马拉松到完成北京 TNF 50 公里，首届门头沟百公里越野赛，在跑步的世界里，我自由欢快地穿梭于公路跑和越野跑之间。那一步一个脚印的进步，带来的快感让我着迷，我不再浪费自己的任何空闲时间，而是将其全部投入到跑步上。

当沉迷于一件事情时，我们似乎能得到意想不到的力量，但这力量有时候也分正负。我很幸运地沉迷于在我身上产生了源源不断的正能量的跑步中。那个奔跑的我，得到了最大程度的自我认同，浑身上下透着自信与果敢。它将我带向了何方呢？ 2010 年 12 月 21 日，我提前硕士毕业，离开奉行“5+2，白 + 黑”的研究组，开始在西班牙为划掉愿望清单上的每一条，努力奋斗。

2010 年 5 月 8 日，在北京 TNF 50 比赛中，我用 6 小时 33 分钟，艰难地跑过位于昌平十三陵的终点，是女子组第 4 名。用自己的出色表现给科苑的朋友们带去惊喜，我非常高兴。然而，对于这场越野首秀，我所在意的不是好名次，不是奔跑的自由与酣畅，而是如何在终点来一

场打动人心的告白。

赛前的清晨，在起点，我偶遇那个装在心里快一年的男孩，比赛中我幻想着表白的场景和话语，以此支撑我尽快完赛。但当我真的如愿跑到终点，身体如此困顿加上精神的愉悦，让我的脑袋昏昏沉沉，把表白的话忘得一干二净。故事的发展，就这样被推到一周以后。我鼓起全部勇气，却只够支撑我完成一封表白邮件。那个男孩没有立刻给我答案，我反复催促，才得到一个模糊的回答，我被拒绝了。

就是在那段情绪低迷的日子里，我开始思考，那根引燃我跑步激情的导火索，已经被抽走，我到底该不该继续跑下去？我的答案是："我会继续跑下去！"虽然我因为对那个男孩的迷恋，才开始跑步，但跑步给我带来的认同感，却与那个男孩没有任何关系。开始跑步的那一年，我认真记录了每次跑步的新体验与新发现，也惊异地发现，在发掘潜能的路上，我居然可以走这么远。

第一次独自在奥林匹克森林公园跑步：连走带跑，完成了最外边的两圈，虽然目标是熟悉路线，速度并不快，但依然大汗淋漓，因为阳光越来越强烈，最后就干脆随着路人游荡起来。不知不觉间走到“小山包”的半腰，看见一处空着的长椅，干脆直接躺下来，树叶的缝隙把整束的阳光撕碎，照在我的脸上，我闭着眼睛，听远处传来悠扬的音乐，蜻蜓扑扇着翅膀，发出窸窸窣窣的声音，我的内心宁静而惬意……

第一次奔跑中看北京的夕阳：夕阳奥森，蝉语花香。单车行到奥森南门附近，那橘红的椭球体，在暮霭中低悬着，由于远处挺拔的高楼映衬，竟将那轮红日比下去了！我被这景观震撼了，大约已经有很长时间，都没有如此从容地欣赏这座城市的夕阳了。一个人漫无目的地跑着，OK，我是跑者。晚风、蝉声、波光、好多叫不出名字的花儿、轻扬的音乐，它们都陪着我，所以，我并不是一个人……在某个时刻，感觉自己像是飞起来了，双手不自觉地伸展开来，像鸟儿展开翅膀，身体轻飘飘的，多么美妙的时刻！

第一次完成全程马拉松：有朋友说，论坛上跑步目的最纯洁的当属我师父。我也不自觉地开始思考，我的跑步目的是什么呢？不为健身，不为减肥，只是一种纪念，喜欢跑着的感觉、喜欢挥汗如雨……北马出发时，我指给朋友看多威赛前聚餐时，那位 85 岁的老爷爷，我竟产生疑惑，难道真的有人能跑到生命的终点吗？

第一次完成北京 TNF 50 公里越野赛：我想我是一只吉祥鸟，指引快乐奔跑的方向；偶尔化身奔腾的野马，狂飙在漫漫山岗上。只因一句：还可以更勇敢！

无数次在奔跑中独处，与自己对话，我渐渐回想起，这被称为极具耐力天赋的身体，在很久以前，就已经被训练过。小时候，我体弱多病，因为患有风湿性心脏病的父亲不喜欢见人生病，每当我咳嗽的时候，都

会悄悄躲开他。但面黄肌瘦的我，终究没有逃过父亲的眼睛，在我上小学时，父亲几乎是以命令的口吻对我说：必须每天晨跑！

我家在大别山深处的山谷中，周围最高的山头虽不过 1400 米，但无论风景还是空气，都非常好。我六七岁那两年，每天清晨都是在山谷慢跑中度过的。后来才发现，儿时奔跑过的路线不过才 1 公里 1 圈，而我很少跑完 2 圈。这样的习惯我坚持了两年，这期间刮风根本不是借口，下雨下雪，爸爸会送伞，根本没有休息的时间。这样的晨跑，由于不是我所愿意做的事情，并没给我留下任何美好的回忆。但得益于此，我有机会在自然环境中独处，这是很好的体验。在那个时候，我就觉得自己可以跟花花草草、虫鱼鸟兽聊天。

长大后，我又开始奔跑，这时我能跑过的距离，远远超过 2 公里，但我所要追求的，终究还是与儿时一样的随意奔跑的自由感。

如果所有的故事都有一条可以串起来的线索，那肯定是“记忆”。我怀念在爸爸的监督下迎着朝阳奔跑，我也怀念那些健康的时光。

因为爱，中止奔跑，徒步朝圣路漫漫

2011年8月5日，我以朝圣者的身份从法国小镇Saint-Jean-Pied-de-Port出发，踏着晨光，开始了漫长的800公里徒步之旅。同年8月28日，我与三位韩国朋友一起抵达位于西班牙的终点圣城Santiago de Compostela。在天主教的世界里，这座圣城地位显赫，相传耶稣十二门徒之一的雅各在西班牙传教7年，死后葬于此城。公元813年，一位农夫偶然发现了圣地亚哥（雅各的西语名）的墓地。人们便在此建立了一座小教堂，并将此地取名圣地亚哥-德孔波斯特拉（Santiago de Compostela）。自中世纪以来，前来此地的朝圣者络绎不绝，慢慢形成了这条著名的朝圣之路，即圣地亚哥之路。

2010年，美国导演艾米利奥·艾斯特维兹执导的电影《朝圣之路》（The Way）上映，影片用镜头真实呈现了一位父亲带着儿子的骨灰完成朝圣之路的历程。1985年圣地亚哥-德孔波斯特拉古城被列为世界文化遗产。西班牙境内和法国境内的“圣地亚哥之路”分别于1993年和1998年被列为两项单独的世界文化遗产。

我走过的便是其中从法国出发的那条路（Camino de Frances）。其实欧洲各国几乎都有通往圣地亚哥的路线，于是圣地亚哥朝圣之路的路线图以圣地亚哥为汇聚点呈发散状，看起来如一轮永不落的太阳，也象征着朝圣精神将一直延续下去。

很多虔诚的天主教徒会反复以徒步的方式，完成圣地亚哥的朝圣之路，也有人完成过往返圣地亚哥的路线，更有人从西欧、北欧出发行走几千公里来到圣城。

在结束朝圣之路后，我的新学期马上就要开始了。那时我来马德里不过半年多，语言还不够熟练，生活上也正在慢慢习惯。在马德里，英语根本派不上大用场，这段时间，也是我因门头沟百公里越野赛中受伤而休跑的时期，我一度孤独到号啕大哭。

徒步之旅结束后，我在马德里的生活多少有些改变，总结起来就是神思恍惚！我把灵魂留在了朝圣之路，根本没法重新面对马德里的生活

与工作。睡眠还没补回来，是其中一个原因。想想看，连续 24 天，我几乎每天清晨 6 点左右出发，徒步 30 多公里，到达朝圣者旅社（通常都是带上下铺、能装几十上百的旅客的集体宿舍），快速洗澡、洗衣后，拖着半残的双腿躺到床上，然后在鼾声中迷迷糊糊地进入梦乡；第二天凌晨 5 点，再被闹钟或大伙儿整理行装的声音吵醒，然后拖着恢复一半的双腿，接着开始新一天旅程……循环往复，疲惫与困顿累积到我几乎无法承受！膝盖和脚掌依然会感到疼痛是另外一个原因。路上有一些惊险时刻，但我非常幸运，从来没有过崴脚，没有过划伤，但是，脚掌前后还是被磨出很多水疱，膝盖的损伤得不到彻底恢复，这带来的疼痛感让我的身体好像依然留在朝圣之路。原因之三，我发现，做梦的时候，我还在路上。也许是因为 24 天不停歇的徒步之旅，给我留下太多烙印，回到马德里后，我时不时会回忆起路上的瞬间，时不时还会陷入回忆中，这导致我每天夜里都会梦到自己还在徒步中。原因之四，这趟旅程留下

的东西太多，很难理出头绪做整理。我有 2000 多张照片，有近 30 篇英文日记，与 100 多位陌生人交谈，与 20 多位朝圣者保持联系。最开始，我并没有全面整理并记述这趟旅程的愿望，恢复到正常生活后，才决定做些记录。

有了目标，我开始感觉到紧迫感，觉得好像有什么事没完成。虽然人已回到正常生活中，心却还飘浮着，不舍得结束这次朝圣之旅。不过我不能终日沉湎于这种情绪，是时候做个了结了。我开始一段一段地整理，消化关于这条道路带给我的一切。

惭愧的是，直到 5 年后的今天，我依然没有完成一部完整的记录。也许在我重新开始奔跑在马拉松、越野跑的赛场时，也许在我狂奔在马德里的丽池公园时，也许在我独行于富士山、勃朗峰的黄昏与黎明时，记忆总会零落地散见于无数个这样的瞬间。在我受伤休跑的日子里，我

依然不曾停下前进的脚步，我选择用一场 800 公里的圣地亚哥朝圣之旅唤醒膝盖的记忆，将以后的日子里依然能自由奔跑的根基夯实了。

而关于那个被问了无数遍的问题："你为什么要去走圣地亚哥之路？"我依然给不出明确的答案。也许是出于热爱奔跑，让我习惯于自我潜能的发掘，表现出来的样子，便是勇敢地探索这个世界。探索的结果也许是我的死亡，也许是我的新生。而探索，在自由的生命面前须永不止步。

CHAPTER NINE

09

我患上了
过度训练综合征

马拉松和超马是极限运动。
在高强度的训练和比赛中，
既要把所有的潜力都发挥出来，
又要提防身体受不了。
在矛盾中，
身体状态很容易长时间处于崩溃边缘，
犹如站在悬崖边上，
向前一步就会万劫不复。

作者简介

程小远

IT男，俩娃爸，移居澳大利亚数载。35岁戒烟，36岁因为帮朋友装跑步软件而误染跑瘾，最初只是上下班以及午休时间跑跑，在朋友诱惑之下参加了几次跑步比赛，没多久就开始涉足越野跑，渐渐患上了跑步这种“病”……

熟悉我的朋友，都知道我得 OTS（Over Training Syndrome 的简称，即过度训练综合征／过度训练症候群）好久了。对此，很多跑友都不大相信，难道像我这样，如此低强度的业余跑者也会 OTS？下面，我就以自己亲身的经历来告诉你：会的！我相信我的经历不是个案，在我身边，跟我水平类似，甚至跑量比我还低的业余跑者，也会 OTS。

我发现大家都乐于分享自己的 PB（Person Best 的简称，即个人最好成绩），或者完成了多少场马拉松、多少场百公里赛这样的光辉经历，还真没看到过任何一位华人跑者，勇敢地站出来分享自己 OTS 的经历。在我决定将自己的 OTS 经历分享出来时，各种各样的 OTS 症状还在反复中。

2014 年，我连续参加 9 月的 SCC（冲浪海岸百公里越野赛）和 10 月的 GOW 100s（大洋路徒步道百公里越野赛）两个百公里越野赛，按照正常的规律，我应该休息一段时间，但事情并没有按照正常的规律发展。可能是因为两场比赛完成得很顺利，冲昏了我的头脑。我觉得自己的状态很好，继续努力训练或许能变得更好，这种错觉让原本应该休息的我，反而加大训练强度。我犯了所有超级越野跑者都可能会犯的错误。

接下来的日子，可能是我训练最狠的一段时间。10 月的总跑量达到了 430 公里，除了一场百公里，Speed（速度训练）和 Tempo（节奏跑训练）也占据了很大比例！付出总有回报，我眼看着自己的水平提升飞快。我记得很清楚，早上通勤跑，居然都能破自己的半马 PB，你说我的训练强度该有多大。11 月初，我在本地的一场 12 公里路跑比赛中，跑出了非常好的成绩。我越来越自信，觉得自己就是第二个盖布，只等着一场比赛中横空出世，将自己的天才展现在世人面前。得意忘形的我，

完全没有察觉到危险正悄然逼近。

不久之后，我开始感觉喉咙疼，因为我本身体质问题，上呼吸道感染几乎是家常便饭，所以并没太在意，继续训练。可后来的情况，慢慢引起了我的注意，我每晚躺在床上的时候，总感觉耳朵发痒，于是去看医生，被告知是病毒引起的，需要休息。

我一听是病毒的原因，就没太在意，继续训练。最后，因为我的喉咙越来越痛，耳朵越来越痒，严重到我不得不开始吃医生要求的阿莫西林。此时，我才开始降低跑量。

但是情况好转得非常慢，原因在于我根本没有完全停止训练。

2015 年 1 月初，我至今都不会忘记那场比赛。这届两湾挑战赛，是我迄今为止跑得最狠的一场超马。前 30 公里，我就拼尽全力，在 20 多公里的时候，还依然跟女子前几名在一起，但情况在 40 公里后开始剧变。我察觉到自己开始尿频，每 5 分钟就要小便，每次却只有一点点。

后来我才知道，尿频是非常明显的 OTS 症状，可我当时对此却一无所知。这场 56 公里的超级马拉松，我是一边尿一边向前冲完成的，最后 5 公里由于冲得太狠，一度出现眼前发黑看不清路的状态，仗着自己熟悉路线，才跌跌撞撞地跑到终点。

两湾挑战赛之后，我依然没有休整，而是傻傻地继续加强训练。随后的周六，我又跑了 5 公里 Parkrun（公园跑），我把这次比赛当作年前的最后一次速度练习，并跑出了自己 5 公里最好的成绩。此后，我就再也没能恢复到可以让自己全力跑 5 公里的程度。

第二天周日，我又约了一帮朋友，继续上山。周一，我清清楚楚地记着这个日子，也许一辈子都不会忘记。我照旧午休跑，跑到 4 公里的时候，我身体的闸门“关闭”了。

1 月 19 号中午 12 点 47 分！我身体的闸门关闭了！

在此后很久，我都找不到一个合适的词来形容当时的状态，直到看了知名超马跑者 Geoff Roes 的文章，他在讲述自己 OTS 经历的时候，用到了“body shut down”来描述，我恍然大悟。就是这个感觉，没有任何词语能比“身体闸门关闭”更准确表达当时我经历的奇妙感觉了！

忽然之间，身体像一摊泥巴塌下来，四肢无力、气喘、疲倦、虚汗直流，我用尽所有的力气，走回单位洗澡。我在当天的训练日志上，把这次训练命名为“why am I so tired”。我之前也曾经历过一两次这种状态，每次都通过减训练量或者休息三五天，身体就会自行好转，但这次好像有些不同，不光是来势凶猛，还伴随着各种其他症状。

我觉得在我身体闸门关闭的那一刻，就是我和 OTS 艰苦斗争的开始，没想到的是这个过程如此漫长，到现在依然不见有明显好转。OTS

的症状，简单来说，就是身体虚弱，而且免疫力出奇低，低到令人发指。每次发生流行病，我一定会中招，病毒可以在我体内肆意横行，免疫系统却毫无反抗力！下面是我出现过，以及正在经历的症状，或许对大家有帮助。

比起 Geoff，我的症状要轻得多，所以我还算幸运。我拜访过无数家庭医生，验血四五次，也去看过耳鼻喉专科门诊，都没查出问题。

OTS 就是这么个奇妙的玩意儿，是不是 OTS，连经验最丰富的运动医生都没办法确诊，甚至都没听说过这个玩意儿，所以是不是 OTS，只能靠掐指一算！

我没办法训练，但却舍不得放弃之前报名的比赛，只能含着泪去参加。最痛苦的不是忍受身体疼痛参加比赛，而是对比赛期待了几个月，最终却无法按照自己想象了无数次的方式去完成。不幸中的万幸，在几场比赛中虽然状况百出，成绩也比预想的差很多，但总算都能在关门时间内完成。

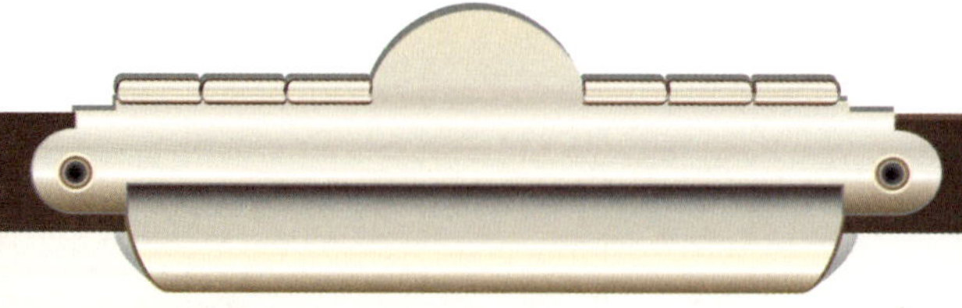

OTS症状记录

尿频。谢天谢地，我只在一场比赛中出现过这种症状。这场比赛之后，所有的比赛我都无法发挥全力，当然尿频也就没再发生过。

头晕。跟喝醉酒的那种头晕不一样，是后脑勺发麻，眼前漆黑一片的眩晕感，我没法用语言表达。最开始的时候，医生说是呼吸道病毒感染扩展到了内耳，影响了平衡。但无论我尝试何种消炎药和抗病毒药都无效。直到现在，还会出现类似的情况。

麻木。跑步时，稍一用力，就会感到四肢麻木，尤其是双手。

失温。特别是在长距离训练时，总会出现失温的情况，每次都是由一件小如冷水洗脸的事情触发。2015 年 7 月参加黄金海岸马拉松，中途我用半杯水浇头；2015 年 UTMF 开跑阶段，在雨里等了 1 小时还没上山，我当时已经处于失温状态。

肌肉无力。2015 年 1 月至今，我一次健身房都没去，Crossfit 也放弃了，因为我根本举不起来哑铃。

上呼吸道感染。它都快成我最亲密的朋友了！每个月都要来两趟，每次一两周！嗓子疼痛红肿！不要劝我多喝水，因为无论喝多少水，从来没管用过。

流感。仅 2015 年，就六七次！只要孩子们回来，只要他们一咳嗽，我肯定中招，绝无失手。

过敏性体质。我甚至不能闻任何刺激性气味，每次用洗洁剂洗浴室厕所，马上就会头晕流鼻血。2015 年 9 月初，我还莫名其妙地染上了花粉症。

2015 年 5 月的 **TNF 100 Australia**（2016 年更名为 **Ultra Trail Australia**）之后，我的身体状况更加糟糕，生病频率更高，身体也更虚弱，导致我大部分时间都不能训练，却得空潜下心来好好研究 **OTS**。在了解了 **OTS** 之后，我终于知道自己做错了什么，知道了如果重新来过，我到底应该怎么做。但我同时也感到非常遗憾，除了吃、睡以及放松心情，尽可能按照身体状况做些其他训练之外，根本没有治疗 **OTS** 的特效药，甚至都不知道什么时候能够痊愈，更可悲的是，能不能痊愈也是未知的。

但我足够乐观，并对自己能够恢复到从前的运动能力充满信心。在我积极恢复的这段时间，就像开头说的那样，也是因为朋友的鼓励，我决定结合自己的经历，按照自己查到的资料，给大家说一说我的感受，希望我的经验和教训能够帮到其他玩马拉松、超马甚至是铁人三项的耐力爱好者，希望大家不要轻视 **OTS**，最重要的是不要跟 **OTS** 碰头。

OTS 是怎样产生的?

我们都知道，训练就是给身体增加负荷，通过休息恢复体力，重复增加身体负荷和休息恢复的过程，逐渐加强身体的运动能力，这就是训练的意义。但如果让身体承受不断增加的负荷，却没有给它足够的时间来休息恢复，此时身体将在未能恢复到最初状态下，继续承受新的负荷，负荷逐渐累积，达到一定程度就可能出现 OTS。也就是说，只有那些高负荷（主要是高心率）密集训练却没有足够休息，以及心理压力过大的人，才有可能患上 OTS；那些每次训练都在自己舒适区的人，就不用担心自己是否 OTS 了！

一口吃不成胖子

跑马拉松，跑超马，越来越流行了。很多人通过简单的训练，就能完成马拉松，甚至更长距离的超级马拉松，很是令人震惊。虽说能够完成如此长距离的比赛，本身就很了不起，但完赛是完赛，而比赛就是另外一种完全不同的概念，用英文表示，就是 run 和 race 的区别。如果

你想要比赛，就要在训练中给身体施加更大的压力，模拟在比赛中可能出现的各种状况。对我们来说，无论是生理还是心理，这种训练和比赛所带来的压力都非常大。因此，身体需要很长时间才能从训练或比赛中恢复。

以我自己为例，2012 年下半年，开始跑步。2014 年初，能够参加四五十公里的短距离超马，上半年，基本以完赛或半完赛为主，身体还能扛得住；下半年，我开始挑战百公里。每次比赛前，我都会进行针对性训练，而且每次比赛都会给自己设立目标，我的身体开始承受巨大的压力。

我的教练是太太的上司，我们的办公室挨着，因此我总跟着他的训练速度。他说自己从小就开始接触各种运动，跑步之前的几年，他长时间玩自行车，对公路车和山地车都有过接触，正因如此，他在刚开始接触跑步的时候,就能承受很大的训练量。反过来看我,2012年才开始跑步，在此之前的 10 多年里，我不但不运动，抽烟还很凶。如果我想达到运动员水平，不仅需要训练身体各个部位，还要慢慢恢复被尼古丁残害了

10 多年的免疫系统，光是这一项就需要好几年时间。

合理安排训练、比赛计划以及休赛期

一个有经验的耐力运动员肯定会有自己的训练计划，他们不会盲目地瞎跑。正确的训练模式应该是高强度和低强度交替训练，这样才能让肌肉和神经得到休息，身体恢复之后，才能够承受强度更大的训练。如果每次都是最高强度的训练，身体必然会出问题，不是伤就是病。

2014 年下半年，我没有制定训练计划，随意增加训练强度。一周内，我跟着教练进行一次 15—20 公里的 Tempo，外加一次 Speed，上下班路上，我的通勤跑也都是随意变化速度和距离。如果当天我起得很早，会先出门跑个半马，中午再来一次 Speed，我的训练大多如此任性胡来。我没有全年计划，没有对身体的恢复能力做估计，每月都安排一场全马或超马。更为可怕的是，我从不“酱油跑”，无论什么比赛，就连周六的 Parkrun 5 公里，我都拼尽全力跑。身体长期承受比赛训练的压力，不出问题才怪。

睡，睡，睡！

Training=Workout+Rest（训练 = 锻炼 + 休息），这是网络上随处可见的公式。

睡觉是最好的休息方式，没有任何其他方式可以代替。《跑出肯尼亚》（Running with the Kenyans）这本书里描述，在肯尼亚，一个孩子如果决定做长跑运动员，他们就会按照运动员的方式生活，每天除了训练，就是待在训练营中休息睡觉，即使他们很穷，也不会在训练之余去工作赚钱。跑友爱德华·王说他每晚 9 点多上床睡觉。我的本地跑友 Tim，

参加过数次 Tough Mudder（最强泥人）大赛年终决赛，他分享自己的经验说他平均每天要保证 9 个小时睡眠，只有如此，身体才能承受高强度的训练。我的教练也跟我说，他在备战马拉松期间，每周都会有两三天睡 10 个小时以上。再看看我，除了跑步强度加强的最初阶段，由于身体疲惫，我会多睡一会儿外，在身体慢慢习惯这种强度后，我又会压缩睡眠时间。我是真心不重视睡眠，想当然地觉得不困就不需要睡觉，造成身体无法从训练压力中恢复过来。

我相信有些跑友跟我一样，只关注跑了多少，从来不关心睡了多少。正因如此，我强烈建议，在训练日志上，不要只是简单地写“10 月 3 日 10 公里”，这种距离记录代表不了你的运动强度，也没法记录你的恢复情况。除此之外，你应该在每天的训练日志中，加上训练强度，最重要的是还要加上睡眠时间以及质量。

总之，如果你没办法增加睡眠，请不要增加跑量及训练强度。

挑选比赛

无论是国内还是海外，这几年马拉松和超马运动发展很快，比赛也越来越多。对我们这些疯狂的爱好者来说，光看比赛宣传，会觉得每一个都很爽，每一个都想跑，对于一些系列赛事，我们更是一站都不想落下。可是身体却无法承受连续比赛带来的疲劳，所以一定要学会挑选比赛。或者也可以主次分明，把某些比赛当作一次训练，而不是每场比赛都全力以赴。

面对数量繁多的比赛，我们只能做出选择，没办法，腿只有两条，实在是跑不过来啊！

聆听身体

这对新手来说尤其重要。

马拉松和超马是极限运动。在高强度的训练和比赛中，既要把所有的潜力都发挥出来，又要提防身体受不了。在矛盾中，身体状态很容易长时间处于崩溃边缘，犹如站在悬崖边上，向前一步就会万劫不复。

身体长时间处于高强度压力之下，如果有问题，肯定会释放信号。所以我们一定要密切关注，并且读懂这些信号，有时候身体会明确地告诉我们，要停下来，不过要注意分辨偷懒和受伤的区别。

拿我来说，比赛中发觉尿频就知道是 OTS 最明显的症状的话，如果我能果断采取措施，现在或许已经恢复健康，又重新投入训练了。

不要带病训练和参加比赛

对我们业余跑者来说，很多人可能都有过带病比赛的经历。对此，我非常理解，花几个月时间去训练，祈祷中签得到名额，付出高额的报名费和大把的时间，终于站到比赛起点，但却因为赛前感染流感，此时你将面临艰难的选择，跑还是不跑，这对我们来说，真的是艰难的决定。

我就是典型的反面教材。在 Tarawera 和 Six Foot Tack 中，我都是带病参赛的，我的恢复周期明显延缓了，病得更加严重。我甚至觉得，没有因此而丧命，是我的运气好，但幸运不会常伴左右，如果固执己见，早晚会中招。

了解什么是免疫力曲线

研究表明，适当的运动能提高免疫力，重点不是免疫力的提高，而是适当的运动。过量的运动会破坏我们的免疫系统，特别是在高强度训练或者比赛后，人体的免疫系统非常薄弱。这也是为什么我们应该在比赛过后注意保暖和补充营养，随后还要补充睡眠，给身体充足的恢复时间。

远离病毒源

运动过量会降低免疫力，因此在训练期间，我们应该远离病毒源。例如，人多拥挤的地方、幼儿园的孩子以及小学低年级学童，孩子们身上会携带大量病毒。说到这儿，我好生羡慕那些空巢以及还没娃的年轻跑友！

心理放松

凡是业余跑马拉松或者超马的人，我敢保证全是出于真爱！这份狂热是一把双刃剑，鼓励我们日复一日进行枯燥训练的同时，还可能给我们带来很大的心理压力。

OTS 产生的原因，并不仅仅来自训练带来的身体消耗，而是生理和心理的双重压力，才会让身体垮塌。很多例子表明，OTS 患者一般会在赛前，对自己训练和比赛中的表现感到焦虑。不得不承认，我每天都要刷好几遍 Strava（某运动达人社交网站），而且每次训练之后，我会

反复分析每公里的数据。

一定要以轻松的心态对待训练和比赛，远离焦虑，舒缓心情。不要紧盯着训练和比赛表现，用其他事情转移一下注意力，比如家庭和朋友。从长远来看，这样或许对提高我们的表现好处更多。

多跟跑友交流

如果你有经验丰富的教练帮忙，请略过这一条。

在我们身边，找个能聊房子、聊股票的朋友很容易。但想找个聊超马比赛或者训练的人，真的很难。但如果借助社交网络，找个合适的训练伙伴，还是比较容易的。

有一个训练伙伴，好处在于可以一起交流训练心得，你遇到的问题，你的训练伙伴可能经历过，知道问题所在。那么问题就很好解决了，互相交流，能提高我们的训练效率，少走弯路。

我认识一个跑步的朋友，在我遭遇 OTS 半年之前，也因为 OTS 停

止训练了，但当时我觉得这离我很远，没有详细交流。很久以后，我们聊天时才发现，如果我们之前有过交流，两人都会少走弯路。

不要担心因为伤病而错过训练

因为伤病停练，可能对你的训练产生影响，但程度远没有你想的那么大。对于马拉松和超马，耐力是第一重要的，尤其是超马，肠胃的消化能力甚至比耐力更重要。耐力训练的提高速度很慢，停止训练后，耐力衰退也很慢。还是拿我做例子，停止训练 3 个月之后，在 2015 年 5 月的 TNF Australia 百公里中，我仍能以非常满意的成绩完赛。

马拉松和超马必会有害健康

当我写下这条时，那些进行耐力训练的朋友肯定会笑出声，谁不知道这个道理呢？只是正如村上君所说，以刷新马拉松 PB 为目标的人，

谁还想因此多活几年呢？更何况难度更大的铁三和超马？

不过对那些刚开始跑步，或者刚开始跑马拉松和超马的朋友们，知道这条很重要。如果你想要刷朋友圈炫耀，出门刷个 10km 已经足够，不必非要跑马拉松不可。如果不是真爱，还是不要接触马拉松和超马。

这就是我在与 OTS 抗争中得到的经验，希望对大家有所帮助。那么大家肯定很好奇，我现在的状态如何呢？

现在，我无法全力投入训练，不要说跑步训练，连基本的核心训练也没办法进行。但是，如果我想，仍然可以用 4 个多小时完成一个公路马拉松，或者周末在山里越野跑几个小时，不过因为我的免疫力很低，训练过后很容易出现呼吸道感染或者流感。这种状态非常痛苦，我不想要。

但我并不会就此放弃，在跑步这件事上，我有自己的追求。从现在开始，我决定完全离开跑步，花一段时间去做些别的事情，转换一下心情。对于自己还能否跑步，我并不确定。但是我会祈祷，我会等待！

后记

这段文字是写于 2015 年 9 月底，随后的 3 个多月，我的身体有了新的变化。

从 9 月开始，我决定无限期停跑，在身体状态偶尔不错时，我选择骑车上下班（单程 8 公里）。我周围都是跑步的朋友，看着别人天天跑，我心里也痒，但我会尽量保持理性。直到 10 月底，是 2015 年 10 月 23 日，一个星期五。一个月没有跑步，烦躁的情绪累积到极点，下班后，我把背包扔给办公室在我隔壁的女王，对她说要跑步回家！

实话说，这8公里，跑得并不舒服，我小心翼翼地跑跑走走，生怕用力过猛出什么事，但离家还有2公里时，我又中招了！看着之前都是一口气跑上去的大坡，我衡量了一下自己当时的身体状态，估计自己没有办法一口气跑上去，于是决定跑几步走几步，眼看到坡顶了，戏剧性的一幕发生了，我感觉身体“咯噔”一下，闸门又关闭了。

你能想象我当时的心情吗？沮丧、愤怒，却又毫无办法！于是我决

定破罐子破摔，鼓足勇气继续往前跑，我承认这有点鲁莽，但到这里，才真的像戏剧，奇迹出现了，跑着跑着，居然力气又回来了！

也就是从这天开始，我的身体开始慢慢恢复，头晕、乏力这些症状逐渐消失，失温情况也逐渐好转，花粉症慢慢得到控制，一开始还没办法进行高强度训练，我就慢慢跑，体力也在慢慢恢复。

不过当时的我还是不敢参加比赛，但每周都可以跑一两次中高强度的节奏跑或间歇跑，看来我正在恢复，重新复出参加比赛的计划，很可能实现。

CHAPTER TEN

10

极限运动教会我生活

无论是登山还是越野跑，
当你进行到某个阶段时，
会觉得很枯燥、很乏味。
但是它的乐趣在于你回到山下以后，
享受到的那种极大的物质生活带来的幸福感，
比如有热水喝，
可以走在很平的路面上，
可以躺在很软的床上。

作者简介

壹小明

自媒体“天生勇气”主编，发表跑步文字300余篇，近50万字。他本人有30多次国际跑步赛事经验，多次采访报道UTMB、4K、珠峰马拉松、澳大利亚TNF 100等国际大型极限跑步赛事，户外经验丰富，尤其对跑步赛事、装备、人文地理等有独到的见解。

2014年5月17日。半夜11点。澳大利亚维多利亚州，大洋路海岸线。

告别了哀鸿遍野的**CP4**（作者注：第四检查站），揉了揉肿痛的脚踝，调整下头灯的角度，深呼一口气，盯着让人绝望的黑色山林，龇牙咧嘴地暗骂一声“**fuck**”，然后我义无反顾地走向山林深处。

真的是“义无反顾”吗？差不多。这种心态好比是掰下嘴里那颗摇摇欲坠的牙，带着破釜沉舟的心态，爱怎么的就怎么的吧。但绝望是真的，这种“绝望感”，很多超级马拉松跑者、登山者，甚至普通的马拉松发烧友都深有体会，它有时因恶劣的天气、赛道的难度，但最让人心寒沮丧的莫过于那种“心有余而力不足”的挣扎。

回想起上次这种绝望感还是在大学登山队的高海拔攀登岁月。

登山与极限

在 2015 年初的香港 100 公里越野赛北京分享会上，昔日北大山鹰社的领袖曹骏说过一句让我颇有共鸣的话：其实 100 公里越野赛和登山有相似之处，到了后面基本都是“熬”，熬过去了才有可能站在顶峰一览众山小。

本科时期，作为大学登山队的队长，我和一帮兄弟姐妹们也熬过了十来座五六千米海拔的雪山，无一例外全部登顶，只有最后一座没有“熬”过去。

2012 年 10 月，四川四姑娘山的三峰。预计凌晨 3 点起床冲顶，结果晚上零点左右在帐篷里几位哥们儿睡得昏昏沉沉，突然感觉外面噼里啪啦狂风骤雨。拉开帐篷一看，外面惊现漫天大雪。大学生登山和社会上的商业登山最大的区别之一就是，大学生的登山生涯讲究的是情怀和浪漫。所以遇到大雪反而下意识地觉得“哎呀！真好看”！然而半个小时后，这种浪漫变成恐惧，就像急剧恶化的毒素在全身上下蔓延开，因为雪量之大，40 分钟左右就已经淹没脚踝。帐篷里的三四个小伙伴也都在里面用后背撑着帐篷杆，表情异常紧张。这种情况下，帐篷很有可能被大雪覆盖，而冰冷脆弱的帐杆在这种情况下也成了牵系着我们的最后一根神经。

暴雪，直接导致我们登山队在最后的岩壁败北。本来并不算太难的陡峭岩壁，在一场暴雪之后覆盖了冰雪，成了标准的冰岩混合路线。而这种混合路线，凭一支大学登山队现有的技术和装备，是不可能登顶成功的。退一步说，即使个别队员有这个能力，也不会在这种情况下仓促地做出冒险的决定。可是岩壁以下，营地以上大概 5000 米，高差

200 米左右的地方，大雪厚得可以齐腰！在雪海里行进，防水的冲锋衣裤也抵挡不住，身体迅速失温。当先锋队员传回话说“前面没戏了”的时候，我对着雾霾色的天空嘶吼了声“**Fuck**……”回应我的只是漫天的风雪。这是我第一次面对自然产生无力回天、心有余而力不足的那种绝望感。

或许有朋友会问，既然个别队员有能力，为什么那些队员不试试？高海拔攀登其实和超马越野跑等极限耐力运动在自我的风险管理上有很多相似之处。对其中道理不甚明了的朋友可能会认为这类运动之所以被称为“极限”，就是要不顾一切地把自己逼到极限。这点确实不假。不过有个大前提是，确保生命安全。“极限”是一个相对的概念，我们的身体情况，可能爬完一座城市周边的山只是会流汗，但是对年事已高的老人而言，这就算极限；对夏尔巴族中的高手来说，登珠峰可能需要耗费些体力，但是对刚入门的登山者而言那就是极限。越野跑爱好者从一个山头窜到另一个山头会觉得轻松愉快，但对普通的景区游客来说这就是他们的极限运动。每个人都有自己的极限。

如果你认为登山、跑马拉松就必然与死亡挂钩，那么你就错了，哪怕是职业登山者，他们在攀登一座稍有难度的山峰之前，也会衡量死亡率，如果觉得天气不适合，有雪崩、落石等危险，在必要情况下，会当机立断决定取消这次攀登，哪怕花了再多冤枉钱，已经浪费了大把的时间和物力都在所不惜。甚至都不必是有难度的雪山，单单是我大学期间亲身经历的或者听说的其他高校的登山队，计划攀登某座雪山，在此之前十来万的赞助都拉好了，五六十个小时的硬座也都熬过来了，最后因天气不合适立马取消整个活动的队伍有很多。

我要告诉你的是，越是成熟越是技高的登山者、极限运动玩家，面对较大可能性的危险，不是迎难而上，而是哪怕离登顶只有数米的距离也会当机立断决定下撤，就算是在 168 公里 UTMB 这种一票难求的梦

想赛事上，即使只跑了 30 公里也会决定弃赛。这些都是我身边的案例。

而你再想想，面对危机时对自己能有如此把控能力的登山者，如果在登山前就知道有显而易见的生命危险，怎么还会选择登山呢？我的登山老师，曾经尝试攀登幺妹峰，万事俱备，到了山脚下一看落石太多了，遂当机立断：撤，回冰石客栈喝酒去；有次他尝试攀登哈巴二峰（不是哈巴主峰），风雪太大迷路了，感觉不顺当就下山回村里吃羊肉了；他们团队第四次登四川的日果冷觉雪山，前三次都差几十米就登顶了，到了第四次，登顶十拿九稳，但离登顶一米前决定撤了，登顶与否已不重要。在登山纪录片《攀登梅鲁峰》中，Jimmy 的团队也遇到了类似的情况，顶峰触手可及，但最后做出的决定是可预见的，只不过这个决定的过程非常艰难。

我想说的是，无论是登山、马拉松还是越野跑，都可以是一件轻松而快乐的事情，所谓的“光荣”“死亡”“梦想”大多是被附会出来的。我们可以带着这些符号去从事攀登，去跑，但会觉得很累很累，

比 80 公斤的大麻袋都沉，更没有必要为了一座“你死了都不会为你流泪”的冰冷雪山牺牲自己的生命，哪怕牺牲你身上的一个零部件都不值得。

当然，我们要分清的一点是，“明知有显而易见的风险，仍然固执地去攀登”和“做好万全的准备，天时地利人和，攀登一座高难度雪山，但永远心怀谨慎、深刻地认识难度所在”，这是两种截然不同的心理状态和境界。

成熟的极限运动爱好者都会小心翼翼地使用“征服”的字眼。蚂蚁不会因为爬到了大象的身上就宣布自己征服了大象；登山者不会因为爬上了勃朗峰就昭告天下自己征服了阿尔卑斯山。

越跑越野

在这次冲顶失败的攀登中，大家依然玩得很开心。但我心里知道，这是我大学本科生涯中最后一次攀登了。因为我将飞赴澳大利亚墨尔本继续我的学生生涯。那里没有雪山——只有冬天才能被雪覆盖的山——而大洋大陆的最高峰还达不到西南地区某些城市的海拔高度。

2013 年本科毕业后，大家各奔东西。明知道说好的某某年某某山再相聚是不太现实的一件事，但还是会欺骗自己说大家迟早还会一起再攀登一座雀儿山。但那段记忆就是记忆，仅此而已。

不过十来次的攀登经历，成为了我大学生活中最宝贵的记忆。它至少给我遗留了这么几件财富：一帮可以生死相托的朋友（结组攀登的缘故）、一段可以作为谈资的经历、一个经常保持体能锻炼的习惯、一群继续攀登的学弟学妹、一颗对万事万物都抱有期待的好奇心、一套相对完备的登山知识储备系统、一堆以白色色调为主的照片。

至今，“一个经常保持体能锻炼的习惯”几乎从未间断，并且对其他耐力运动也都“抱有期待的好奇心”。在没有雪山陪伴的日子里，当

年为了攀登而训练的跑步再次成为了我的“新欢”。

墨尔本全程马拉松、**Roller Coaster** 全马越野赛、澳洲 **TNF** 100 蓝山 100 公里越野赛、**Surfcoast** 全马越野赛、黄金海岸全程马拉松、**Surfocast Century** 100 公里越野赛、**Wonderland** 越野赛、**Australian Adventure** 挑战赛……从公路跑到越野跑，从全马 42 公里到 100 公里，从悉尼的蓝山到大洋路的海岸线，从怪石嶙峋的山峰到静谧的森林，几乎大洋洲大陆有意思的赛事，只要时间合适，我都会通过打工和写稿子赚到足够的报名费去体验。

未来的我是什么样子？我也不知道。但我清楚地知道未来的我不会是什么样子。

我可能依然会与户外登山沾亲带故，我肯定会对登山圈和越野圈保持关注。因为大学期间登山的经历给予了我很多，而且这些财富早已成为我生命中不可或缺的东西。我愿意为这段经历做出与众不同的延续。

如果你只是一个初出茅庐的菜鸟，或者是一个刚刚对跑步有那么一点热爱的新手，千万不要因为这些大神们的存在，而对这项运动心生畏惧，更不要因为某个牛 × 闪闪的赛事而迷惑了你的选择和节奏。你要知道，就算是跑过 332 公里的“巨人”们，在跑 42 公里的公路马拉松时，到了 32 公里他们也可能会掉速；就算是擅长爬坡的越野高手，在山岭间跳跃时，也要流汗；就算是微笑女神 Emelie Forsberg，也有哭泣的时候。因为当你爱上跑步的时候，它就成为你生活中的常态，当跑步融入到你的生活当中，并且让你无法自拔时，你便不再是在生活中跑步，而是在跑步中生活。

在跑步中生活。

无论是马拉松还是其他任何极限赛事，现在太多人怂恿大家去完成“加油！”“坚持住！”“突破自己的极限！”这种口号型的话。这些确实是很多人需要的东西，但是在喊“突破极限”的时候，更重要的是明白自己的极限。“突破极限”这几个字其实是个伪命题，它并不是让你做自己不能做的事，而是无限接近自己的潜能。我真的不知道自己哪天不小心突破极限后，窥见的是小明 2.0 版本还是上帝。就像开头这个百公里赛事，澳大利亚冲浪海岸越野赛（作者注：Surfcoast Century 暨澳大利亚百公里越野冠军赛），其实到了 67 公里我就已经感觉不适了，但是我并没有真正理性地思考和检查我的身体——或许也是没有力气检查——而是坚持下去。这种情况下，“坚持”未必是一个绝对的褒义词。因为跑到 99 公里处，我才意识到 67 公里的时候我崴了脚踝，我是崴着脚踝跑了剩下的 30 多公里。全身顿感酸痛沉重，我的神经意识好像突然惊叫：“我去……原来崴脚了！”我整个人在 99 公里突然就变得像一个崴脚的人该有的样子，步履蹒跚到了 100 公里。

无论是你梦想中的一件赛事，还是朝思暮想的一座山峰，当你真正

征服它，跨越终点，站在顶峰之时，反而没有自己当初预想的那么激动。也可能事先在脑海里幻想过太多次自己冲线时的姿势和周围场景，以至于到了真正实现的那一瞬间有些麻木吧。

在《雅荻跑世界》节目中的某集，一位男跑者历尽千辛万苦终于通过一条漆黑的街道，静悄悄的马路，空无一人的终点线。其实那种感觉所有旅游型选手都会深有共鸣，那是孤独感，也正是因为它，我们才会“无聊地”与自然对话，深入地思考自己的生活。

无论是登山还是越野跑，当你进行到某个阶段时，会觉得很枯燥、很乏味。但是它的乐趣，在于你回到山下以后享受到的那种极大的物质生活带来的幸福感，比如有热水喝，可以走在很平的路面上，可以躺在很软的床上。精神上的愉悦，在山里走过的人都知道，其实最大快乐不是在山上，而是在于下山以后，重新回到过去的生活里，更好地热爱生命，热爱生活。

CHAPTER ELEVEN

11

当跑步出现在我的生命里

跑步在我生命中越来越像是一种修行，
既是对身体的锻炼，
更是对心灵的磨砺。
我可以在一个全程马拉松四五个小时的时间里，
安静地享受奔跑，
也可以在这段时间里，
思考很多日常忙乱中无法理清的事情和问题，
整个人会豁然开朗。

作者简介

郭志浩

中央电视台体育频道品牌推广工作人员，曾任《足球之夜》出镜记者。2013 年负责主办体育频道马拉松特别节目《跟 5 一起跑》，由此爱上跑步，迄今已完成 24 个全程马拉松，世界六大马拉松已全部完赛。他坚信跑步是一种生活方式，马拉松是人生的一场修行！

2013 年 1 月 5 日的厦门，我已经无法清晰回忆起那天的天气和环境，在那一天，我拉着中央电视台十几个主持人，包括刘建宏、郎永淳、路一鸣、阿丘、贺炜、徐阳等，作为嘉宾参加了厦门马拉松体验。所谓体验，就是我们最远距离跑的也就是 10 公里，大多数人选择了 5 公里。我清晰地记得我和刘建宏、徐阳 3 个人结伴跑 10 公里，当时费尽九牛二虎之力，用了大约 1 小时 15 分钟才完成，在终点，因为没有标准计时手表等设备，还为彼此时间是否准确进行过争执。回到北京后，也不懂什么拉伸放松之类的，竟然浑身上下疼痛了一周。严格意义上说，这一次的 10 公里是跑步这项运动真正出现在我生命里的第一次，或者换句肉麻点的话就是“我在生命中遇到了跑步”。

其实，我是被跑步“撞了一下腰”。即便之前说我拉着主持人一起去体验厦门马拉松，也是因为中央电视台体育频道在 2013 年推出了一档名叫“跟 5 一起跑”的电视节目，我的领导张斌老师让我负责组织、策划和对外推广，直到参与到这档节目和活动中来，我才真正接触到了跑步。毫不夸张地说，中国民间马拉松运动从没有像现在如此火热，《跟 5 一起跑》在很大程度上促进了中国路跑的发展。从央视主持人开始，我们陆续邀请了时任万科北京公司总经理的毛大庆先生、时任联想中国首席市场官的魏江雷先生、SOHO 中国董事长潘石屹先生等社会名人，参与到节目中来，身体力行地推广跑步，而这些嘉宾后来也都成为接下来几年中国路跑运动蓬勃兴起的最具影响力者。故事还是要回到我自己，《跟 5 一起跑》节目持续了一年的时间，由于种种原因没有做下去，但是我却在奔跑的道路上一路坚持了下来。那一次从厦门的 10 公里跑回来之后，《跟 5 一起跑》节目开始录制真人秀节目，我当时在杂志上看到一个陌生人的故事，这人就是陈盆滨。我通过《体坛风云人物》栏目组的同事找到了陈盆滨，把他从浙江玉环叫到北京，做《跟 5 一起跑》节目真人秀的总教练。那个时候还没有多少人知道陈盆滨是谁，他 2012 年就已经是亚马逊丛林 200 公里超级马拉松的世界亚军，在我看来，盆滨就是“天生就会跑”，老天爷给了他肆意奔跑的身体资本。那个时候，我们在奥林匹克森林公园拍摄训练，当陈盆滨指导嘉宾跑步的时候，我就跟着一起跑，当时也没什么跑马拉松的想法，就觉得反正拍摄节目也要等，还不如一起跑跑消磨一下时间。那个时候奥森一圈 5 公里我也得 40 分钟才能跑下来，就是感觉自己很胖，身体很重，也很喘。就这样每一次拍摄中，我都跟着嘉宾们一起跑，跑着跑着，慢慢觉得上道了。

我当时爱上跑步后，不拍节目也会叫上盆滨去奥森，一起刷 5 公里或者 10 公里。那时候是真练，汗水湿透全身，体重也迅速下降，为了保持体重，我吃了三个月素食，并戒烟戒酒。

2013 年 4 月底的扬州，正是最美好的时节，《跟 5 一起跑》节目带着 27 位中央电视台主持人以及嘉宾抵达扬州，参加扬州马拉松体验，那个时候距离厦门马拉松体验已过去了三个月了。我决定第一次尝试半程马拉松，跑前头一天晚上，紧张得一宿睡不着。盆滨特意拿了两根人参给我，说你泡在水里，第二天早上起来喝了，补充体力，真别笑话，那时候觉得 21 公里是非常艰巨的挑战啊！从扬州半程马拉松起点出发，我已经记不清一路跑下来的具体情形，当时就是一个人很认真地在跑，生怕出什么问题，因为在此前我跑得最远距离只有 10 公里。当然最后我顺利完赛了，2 小时 5 分钟，完成了人生中第一个半程马拉松。挂上奖牌的那一刹那，自己都觉得自己伟大，戴着奖牌坐在终点外的路边，啥也不干，先用手机写了老长一段话发朋友圈抒发情感，当时觉得激情澎湃，现在回看多少有点幼稚可爱吧。

跑步这件事情，从扬州开始就算是烙在我生命里了，上瘾还真的是那么回事儿，因为半程跑完了就想征服全程。在我记忆更久远的年代，我对马拉松运动的看法是“非人类”，尤其翻译的这个名字“马拉松”，感觉得马拉着才能跑完，那得多累啊！42.195 公里，这距离我这辈子没想过自己能跑下来。但是，扬州之后，一切都改变了，那个时候我们正好有一个机会，和魏江雷、毛大庆等几位大佬一起去布拉格跑马拉松，当时魏江雷（江湖人称 Arthur），作为我们几人中跑龄最长的前辈，并不建议我们跑全程，因为觉得只有一次半程马拉松的积累是不够的，但是踏上美丽的捷克布拉格的土地，不跑个全程都觉得亏。

我和毛大庆都是人生第一个全程马拉松，布拉格广场起跑，广场上播放着捷克著名音乐大师斯美塔那的《我的祖国》，随着跑者人群的流动，我和毛总登时无比兴奋地冲将出去。当时陪我们一起跑的是一位资深跑者大姐——谢頔博士，她一个劲儿劝我们要控制速度，可是我俩兴奋得浑身是劲儿。那种兴奋所带来的身体亢奋是收不住的，直到跑过 21 公里，身体开始有了反应，到 28 公里还可以勉强坚持，30 公里我就进入了瞬间崩溃的状态，我当时只有一个想法，给我 100 万美元我也不想跑下去了，双腿沉重到极点。谢幁博士一路陪伴和鼓励我，让我不要停下来走路，否则会再也不想跑起来。我记忆特别清晰的是，我努力拖着双腿前移半天，抬头问谢幁多远了，她告诉我说又前进了 200 多米，我整个人瞬间处于极度崩溃状态，我只能去想过往我人生中遭遇过多么痛苦的事情，只要跑过这一次，就不需要再用那些痛苦的事情来鼓励自己了。一路磨蹭到 40 公里处，谢幁鼓励我说，最后两公里试着别停，一路跑完吧。其实说是跑，我觉得当时我的速度和很多人的快走频率差不多，好不容易熬到能看到终点的拱门，我一下豁然开朗，现在还能真切回忆起看到拱门那一刹那的幸福感，超越此前生活中的一切。我虽然不会激动到哭，但是那一次看到拱门的印记造成了我在后来跑马拉松的

时候，每次看到终点的拱门就会有异常的兴奋感和幸福感。我拉着谢頔博士的手，冲刺闯过终点线，有些激动也有些狼狈。在终点有电视媒体现场直播采访，还专门采访我的感受，我也不记得我说了什么，就是嘴里不停地用我能力范围之内的英语表达各种复杂情感。我必须承认，布拉格的第一次全程马拉松并没有那么美好，我的完赛时间是 5 小时 25 分钟，而那一次全程之后，我竟对马拉松运动产生了敬畏和恐惧，如果再要踏上马拉松起点，我总是先想起痛苦的 30 公里处种种景象，而那一次之后的 7 个多月时间，我都没敢再跑一个全程马拉松，都是以 10 公里或者半程马拉松作为自己的积累。

马拉松运动应该是被敬畏的，如果没有敬畏之心，就会受到惩罚，也是对自己和生命的极度不负责。我后来只相信一点，没有勤奋科学的训练指导，去参加马拉松比赛只能是亵渎这项运动和运动原本带给人类

的精神意义。7 个月，我安安静静地训练和积累，直到 2013 年 12 月中旬，再一次和毛大庆等一行朋友参加台北马拉松，现在台北马拉松还是我人生中最美好的回忆。几个好友相约，一起看看台北风光，一起训练备战，然后一起参赛，以马拉松的名义去旅行，用双脚丈量自己走过的城市——大概从那时候开始我们这些人就已经开始践行了吧。台北马拉松中，我们作为大陆过去的特邀嘉宾，被安排在第一排出发的精英组。那天的台北，从我们出发就在下中雨，到后来竟然下冰雹了，沿着基隆河畔，一路雨中狂奔，虽然鞋里灌满了水，浑身湿透，但是竟觉无比通畅，畅快淋漓。最终我以 4 小时 14 分钟完赛，距离第一个布拉格马拉松半年，成绩也从 5 小时 25 分钟提升到了 4 小时 14 分钟。从台北马拉松开始，我踏上了马拉松这条“不归路”。2014 年，以厦门马拉松作为新的起点，我在这一年中完成了 12 个马拉松赛事，几乎每个月一次全程马拉松比赛的节奏。无论是国内还是国外，出行的唯一目的就是希望可以参加当地的马拉松赛事，通过奔跑来看每一座城市，而对自己亲自跑过的每一

个城市的情感却又如此不同。

现在，我已经完成了23个正规的全程马拉松赛事，当然还有无法计算的半程马拉松，中国的路跑运动依然澎湃。《跟5一起跑》节目已经消失在大家视野中，当年一起奔跑的小伙伴们很多换了身份、换了工作、换了生活面貌，当然也依然有人不理解这群疯子为什么一个劲儿地还在坚持跑，他们说差不多得了，跑过了知道其中滋味就行了。但显然对这群依然奔跑着的人来说，事情并没有这么简单。

当跑步出现在我的生命里，我已经离不开，我也不需要告诉每一个人为什么，因为跑了才懂。跑步也好，马拉松参赛也好，在我生命中越来越像是一种修行，既是对身体的锻炼，更是对心灵的磨砺。我可以在一个全程马拉松四五个小时的时间里安静地享受奔跑，去思考很多日常忙乱中无法想的事情和问题，会豁然开朗，也会茅塞顿开。

我在跑马拉松的日子里，认识了一群志同道合的朋友，做了很多好玩有趣的事情，跑过了祖国的大好河山，也去了世界六大马拉松修炼，跑过了世界跑过了河川，才发现，跑步这么几年对我命运的改变就是这么一步一个脚印地发生了。

未来的时光里，跑步是唯一我可以确信的不会离我而去的信仰与修行，无论我身处哪里，无论我年华几何，还是那句话，当跑步出现在我生命里，我就会一路跑下去。

C2079

ZONGMING
60177
60183

CHAPTER TWELVE

12

当一个人奔跑在山脊上

当一个人奔跑在山脊上，
这种滋味和感觉，
可以超越历史和文化，
这表现出人类的本质。
任何人只要能去从事这项运动，
都能体会到其中的感觉，
而这种感觉过于强大，
就好像是我们的本能。

作者简介

罗登

关注跑步的电影导演，代表作有《燃情岁月》。在剧情片拍摄之余，罗登十分关注纪录片，与关雅荻一起创作纪录片《跑出勇气》，见证跑者的足迹。罗登也是《雅荻跑世界》第一季的导演。

有一群人，他们的面孔，在晨光中乍现。他们看着四周，紧张、淡然、喜悦……表情各异，感触良多。他们来自世界各地，面孔有不同的颜色，他们有各自不同的经历，每个人的眼神也各不相同。

我淹没在人群中间，默默地观察，把相机调到最长焦距，一个个地拍摄这些面孔。在我的画框里，这些人之间没有任何关系，我看到的是挤满画面的面孔，我尽量不留边框，我只是去捕捉，捕捉这些令人着迷的面孔。

我从这些人的眼神中，看到富士山，看到勃朗峰，看到 Lavaredo（拉瓦尼多），看到天空、林梢以及任何一个方向。这些不一样的面孔，好像在我的脑海中形成一个庞大的网格，随着比赛越来越临近，气氛越来越高涨，这个庞大的网络开始逐渐聚合，最终变成一个清晰的主题，这个主题好像真实地存在我的脑海中。

人群开始涌动，喧闹声传来，所有人像黏稠的液体般向前移动，然后又被慢慢地稀释，最后消失在远方，留下来的是一个空寂的赛道起跑点。

天色已晚，我走在回家的路上，手机还剩3%的电量，心里想着赶紧回家，把电充上。突然电话响起，是关雅荻打来的。面对一位热爱中国电影的人的电话，我原本以为会再一次被他提醒，不要忽视庞大的中国电影市场，在准备接起电话之前，我还在想如何礼貌而谦逊地“抵抗”，但当他说完第一句话之后，我立刻放弃“抵抗”。电话里，他跟我说的事情远超过我的想象——他要拍摄一个跑步的纪录片，这是要拉我入伙。

跑步的纪录片？Cool！我的第一直觉告诉我，这是一件很酷的事情。我一瞬间想起看过的电影中跑步的镜头，有《火的战车》，有《耐力》……我没有任何犹豫，立刻回答可以拍。电话那头关雅荻还在喋喋不休，电话这头我却为3%的电量提心吊胆，生怕突然关机打破这段有趣的对话。

真是令人震惊，3% 的电量居然撑到 10 分钟后，电话那头传来忙音。我挂断电话，在我家楼下闲逛，消化一下刚才的谈话。我感觉双腿发痒，似乎有一种奔跑的欲望，但我却是一个极度不爱体育运动的人。

请我帮忙的关雅荻，是个非常奇怪的人，我被一个奇怪的人带进了奇怪的越野跑世界。

这个人给我感觉像是一块永不枯竭的锂电池，脑袋是电量表，表情的变换显示该充电或者要放电了。每次见到他，无论什么时间，他总是充满活力。黝黑的脸膛和恶狠狠的眼神构建了刚硬的面部轮廓，他脸上没有细腻柔缓的线条，一双浓黑的大眉毛，像是毛笔蘸了厚厚的墨汁刷在纸上，典型北方糙汉子的样子。

他还像是一个由肌肉和血管建构的机器，坚硬的双腿让人胆寒，好像能踢断坚实的桌腿。这个家伙永远穿着一条运动短裤，加一双五指拖鞋，迎面走过来，仿佛刚刚从阳光猛烈的岩石山上下来，闪耀着摩西的沧桑肤色。

他的桌子上总是摆着厚厚的文档，他娴熟地梳理着各种签证材料，手把手地教我如何搞定这些如山般堆积的文档。当看见我露出胆怯的神色时，他对我说：很简单，没问题，照着做就行！

看他历经百战的自信眼神，以及几乎没有空白页的、鼓鼓囊囊的护照，我觉得自己也有了信心。后来，当我自己要给家人办理美国和加拿大签证时，面对60多张表格，我总会回想起那天阳光和煦的下午，坐在我对面的关雅荻，他轻蔑的嘴角、不断抖动的粗黑大腿，在阳光的映衬下，好像圣子降临。

等我再次注意到这双腿，已经是在意大利 Lavaredo 的山里面了。

感觉到凛冽的寒风与湿冷的空气，我紧了紧领口和袖口，可冷风依然见缝插针，钻透我的衣服，侵袭我的身体。我咒骂着天气，看着在氤

氤中时隐时现的高山，看那山脊上的皑皑白雪，想象着那是世界之巅，是冰封的王国，是寒冷的地狱。

在我胡思乱想的时候，突然看到关雅荻的身影，从前方森林蜿蜒的泥泞小路中跑来，我赶紧将镜头对准他。他满身泥土和水垢，腿上是干涸之后重新潮湿的泥浆，再加上惨不忍睹的跑鞋，一副逃难的样子。他脸色枯槁，仿佛力气正在迅速从他体表随着热量蒸发出去。当我离他越来越近时，我仿佛感觉得到从他每个毛孔中喷薄而出的废气，他像一个由蛋白质、水、血管、糖原组合起来的机器，正在竭力运转，将废气从毛孔排除。

他挤出一丝笑容，像一个不断闪耀红光报警信号的电池，从我面前经过，然后消失在烂泥和树根盘错的山路中。我放下摄影机，虽然看到

他那个惨状，却并不担心。我知道山下就有一个补给站，只要跑到那里，他就会像自动充电的机器人，找到一个插座，给自己充电。

我走进勃朗峰下的库马约尔小镇体育馆，里面全是汗臭味，每个 Ultra Trail 跑者都在那里释放着生命机器运转而产生的各种“废气”，体温、味道、呼吸、眼神。每一个人都面容恬淡，有人席地而坐，有人直接躺在地上，有人正在喝水、补充食品。

体育馆里每一个人的视线都落在前方不远的空间，没有人注视扛着摄像机到处乱拍的我。紧接着，他们将离开这个拥挤而温暖的空间，目光重新聚焦在狂野而壮丽的大自然，哪有闲暇时间理会我？

这让我想起了当地的山民，在数万年的阿尔卑斯山人类居住史中，必然有很多人无数次地将自己置身于狂暴的大自然中。他们身上的每一块肌肉、每一根血管和吃下去的每一份食物，都来自大自然，他们早已经与大自然融为一体。到底什么是 **Ultra Trail**？我突然理解到，一群怀念在蛮荒中行走和奔跑的人，他们不愿意被现代文明逐渐异化，而做出的自然抵抗，就是 **Ultra Trail** 的真谛所在。

我看见关雅荻躺在地上，他招呼我和另外一个同事上前帮忙，他已经没办法自己躺下去了，躺着的关雅荻让我们帮他买冰激凌和药棉。我瞬间觉得自己化身战地医生，面前是一位受伤的士兵，正在呼唤我。我要放下摄影机，这个时候，我不想拍摄，虽然知道可以将士兵的狼狈状态记录下来，躺在地上的士兵也并不会怪我，但我觉得，在此时，拍摄

变得毫无意义。

我放下摄影机，跪在他身边，看着他布满水疱的双脚和坚硬如岩石的双腿，冰冷得没有一丝活气。但他的表情依然轻松，不过，这种轻松只不过是一种无奈。因为当你踏上征途，一旦上路，就不可以放弃。无论结果怎样，你只要还能跑，就必须跑下去，就得用这双布满水疱的脚跑下去，就得用强硬的意志力坚持下去。

很久以前，我也跑步。在黑暗中，我独自跑在公路上，气喘如牛，脑子里一片空白，唯一的念想是：还有多远，我还要跑多久，我要不要继续跑下去？我试图去构思我的剧本、我的故事。尝试后才知道用其他事儿转移注意力，对我来说，根本无效，全是扯淡，因为在跑步的时候，我只能想跑步本身。

每当夜幕降临，我都会有一点负罪感。站在法国村庄外小山的斜坡上，寒冷的狂风呼啸而过，眼看着最后一点天光消失在小镇 Saint-Gevais 西北方一座高山后方。我知道，接下来的 3 个漫漫长夜，有人要独自经历。

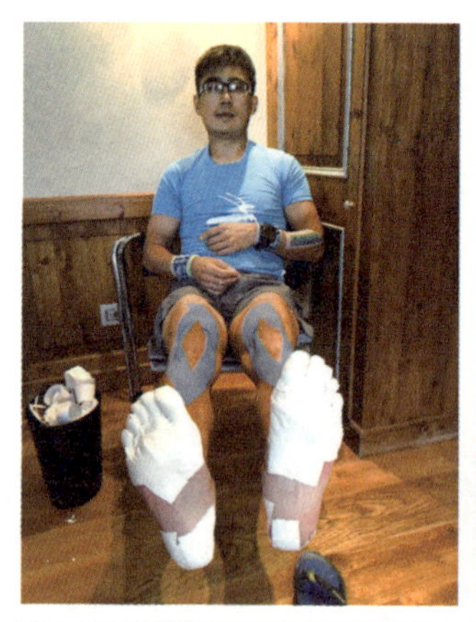

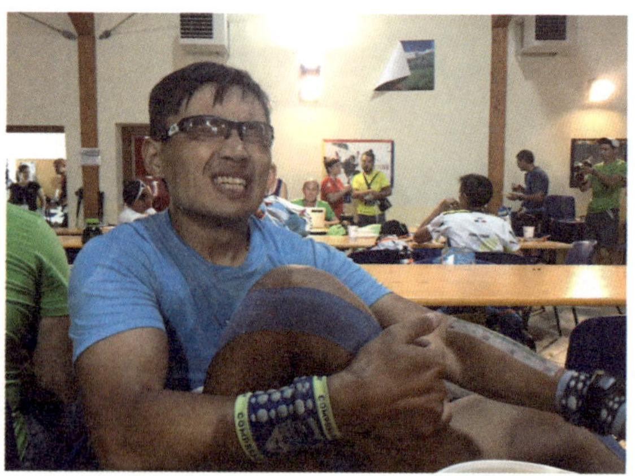

因为有走夜路的经历，我知道一个人在浓黑一片的自然环境中独行是什么感觉。饥饿、疲惫和困乏包围着你，惧怕已经无法占据你的心灵，唯一能感受到的就是自己的存在，这是一种极致孤独。所以我并不知道关雅荻在黑暗之中会是什么样子。

我当然相信他能全身而退，他身经百战，完全能独立应付这极致孤独，完全不必我来操心。与其说我担心他，不如说是我自己的好奇，一个人在漆黑一片的夜色中，在黝黑、寒冷、潮湿的森林里，独自长途奔跑，这是什么感觉？

我曾行走在贡嘎山森林中，那刺骨的寒冷，仿佛永远没有尽头的道路，对我来说，无疑是一种极端的考验。在森林里，我咒骂，发誓永远不会回来，我疑惑自己是否发疯，因冲动的决定而后悔。我被吓破了胆，心情十分沮丧，开始低落抑郁，直到看见黎明的曙光，光线如同利剑，朝我射来，穿透我的身体，刺进我的灵魂。我突然觉得，前面的所有咒骂都毫无意义。

而此时的关雅荻，是否也在经历这些？

我身边经过一些瘦高的欧洲人，他们面容憔悴。显然，有些人低估了比赛难度，UTMB 赛程刚刚开始，就已显露疲态，他们将如何面对接下来数千米的爬升和几十个小时的不间断奔跑？

就在我为他们担心的时候，关雅荻出现了。我听到黑暗中有人呼喊我，耳朵里已经被法语和英语灌满，这时听见母语，非常激动。我下意识地举起相机，取景器里面一片黑暗，我只能看见跑者的头灯在闪耀，在眩光之中，我调动记忆快速回溯：关雅荻穿着什么衣服？什么颜色的头巾？什么颜色的短裤？什么颜色的背包。我根本看不见朝我跑来

的人的脸，况且时间也不允许我在黑暗中辨别每一个人的脸。

隐约之中，一个穿着红白相间衣服的人闯入我的镜头，我瞬间恢复记忆，这就是关雅荻。我迅速按下快门。取景器中，我只能看见一个抽象的人体，在闪动的快门中不断定格然后释放，就好像电影史里那个著名的奔马镜头一样，关雅荻在我的时间轴上不断前进，活像塞尚的现代主义绘画。

就在他快要消失在道路尽头的时候，我听见他喊了一句：罗登，再见！然后我就再也看不见他了。我放下相机，恍然发现四周都是农舍，我被人造建筑包围着，却始终以为自己深处蛮荒。昏黄的路灯照射着四周的衰草，我左右看了看，觉得孤独的人是自己，而不是他。

我背着相机，一个人往回走，逆向经过很多行进中的跑者。或许在接下来的某个检查站，很多人会被关门。那他们为什么不提早退赛呢？终将退赛的现实，连我都可以感觉到，他们一定不会不知道。即便如此，

他们依然在奔跑，根本没有停下来的意思。

路边站着很多当地的法国居民，即使夜已深，依然有人在为跑者加油鼓劲。他们中有不少当地的少女，有着典型法国女孩子的面容和肤色，表情安详平静，瞳孔里不掺杂一丝杂质和市侩。

我总是观察这些当地人的面孔和眼神，希望能从中读懂点什么，虽然身处异国，但我不认为观察力会受到文化和语言障碍的影响。就好像我在富士山下第一次见到那么多跑者一样，我完全能从他们的眼神和表情解读出和中国大陆选手完全不一样的感觉。

有时候，我感觉 **Ultra Trail** 这项运动传达出一种和运动本身没有直接关系的东西：平凡与柔情。我每次看到这些跑者时，总能发现他们与家人和朋友之间的互动和心灵相通，以最直接的方式感动着我。这原本没什么稀奇，但是这种温情是什么时候远离了我周遭的生活？我竟然感觉不到这种人类之间直接而平凡的眼神和笑容。

当然，我也有家人，也有朋友，但这依然给我不一样的感觉。这种长时间生活在一个没有危机感、没有不安全感的社会下，逐渐堆积起来的人类情感，和那种长时间处于危机与压力下人与人之间的关系总有一种说不清道不明的区别。

尤其是那些在路边观看这项运动、发自内心对跑者报以鼓励的当地居民和散步者。他们对这项运动的理解和认识，就像看着邻居出门取一个牛奶瓶那样熟悉与寻常。这与国内完全不同，在这里，越野跑并不是时尚的代名词，在这里，越野跑并不会给人带来任何优越感，完全没有喧嚣和骚动。

在多罗米蒂山区里，经常能看见游荡于山区做户外运动的当地人，还有来自周边国家奥地利、德国的旅游者。这些长时间身处荒野自然中的人，他们的面孔仿佛是一块透明的玻璃，我的视线似乎能直接穿透，看到他们背后的森林与高山。他们与自然连在一起。我好像在某一瞬间，突然理解了什么是登山运动。登山运动就是他们的自娱自乐，是他们的生活方式。

而在国内，所谓登山运动，不过是有钱有闲阶层的一种附庸风雅。

回过头来看，对于越来越火热的 **Ultra Trail** 运动，或者超级马拉松运动，如雨后春笋般冒出的各种赛事。这背后隐藏的是一种消费主义的内在情绪，我内心深处并不认同。在国内，不管你做什么事情，都会变成一种消费，然后由大众提炼出一个关键词，这就是所谓的“关键词消费”。所有人都活在“名词”之中，这些名词每几年都要变化一批，我们要做的事情就是紧跟这些名词，保持不落伍。在这些不断的紧跟之中，我们找到了一种安全感，让我们觉得自己很充实。

我个人认为，这不过是最近 40 年信仰缺失以后，人们找不到安全感，想利用各种不断

参赛选手男、女前三名。

快速演化的社会进程，让自己有种依然“有意义地活着”的感觉。

不过，不管怎么样，当一个人奔跑在山脊上，这种滋味和感觉，可以超越历史和文化，这表现出人类的本质。在短暂的时间内，我们回归原始蛮荒时代，体验我们祖先曾经历的动物性生存方式。任何人只要能去从事这项运动，都能体会到其中的感觉，而这种感觉过于强大，就好像是我们的本能，即使你心存杂念，也会被逐渐冲淡，直到完全忘记自己当初奇怪的想法。

当你得到了全身心的洗涤和净化，你的面孔和眼神就会得到全然的改观，即便是来自不同民族的人，这种变化最终的归宿也都完全一样。我远远地看见日本著名跑者镝木毅，现在已经完全是一副欧洲人的样子，深邃的眼神和消瘦的双颊，全身上下散发着活在自然中的感觉。

那么像 Ultra Trail 这种运动，本身就不是竞技和争比高下的运动。大部分跑者总是一个人孤独地奔跑，即使遇到同道者，也因为疲劳，很少交流。换句话说，一项没有任何奖金，没有世界纪录认可，几乎都是业余爱好者参加的运动，对于这些跑者的意义何在？是证明自己吗？如

果未能完赛或者中途退赛，有谁会在乎？

在 Sanit-Gervais 的公共汽车站，发车前的最后几秒钟我跳上穿梭巴士，四周一片漆黑。车里的人不多，有一些跑者的家属，还有 3 个退赛的跑者。这 3 个人散落在巴士的 3 个角落，脸色各异，互不交流，唯一共同点就是看上去疲惫至极。汽车开动，两侧黑沉沉的山谷隐约可见点点灯火，他们默默地看着窗外，手里拿着登山手杖，满腿泥土，满脸汗渍。

到达霞慕尼小镇后，他们各自下车，走回自己的旅馆。我跟在其中一个人的身后，沿着霞慕尼的阿尔沃河边走了很远，急流的河水发出巨大的声响，前面的那个人突然加快脚步，他的前方似乎是一个小旅馆，在远方闪烁着灯光。难道是他的朋友或者家人等在那里？

他加快脚步，走进旅馆。或许没有亲友的等待，只有孤独的房间伫立在那里。无论怎么样，那里都是他此时的归宿，他将在那里找到片刻的温暖，为今天未完成的旅程画上句号。他可能明年再来，也许不会再来，可是无论怎样，他已经彻底逃离那漆黑的夜，而其他人，依然在路上。

我站在小村庄 Arnuva 的河边，河边有几棵柳树。河里的水冰冷彻骨，

旁边的上海女孩是偶尔路过的游客，因为对这项运动感兴趣，就答应和我同行。我在河边的柳树下休息，仰望天空，觉得和北京延庆的天空没什么区别。

她突然叫醒我，说关雅荻快到了。我拿着相机，爬到一个山坡上架好，等着他入框。我看到每一个路过的跑者，都是筋疲力尽的样子，但凡从我边上经过的人，我都要对他们微笑或者说一句 Bravo（好样的）。

右侧是被冰川切割出来的巨大山谷，狂暴的山风呼啸而来，将烈日暴晒的热量瞬间吹散。关雅荻出现在我的取景器中，不过还是一个小黑点，逐渐变大。他依然是一副满不在乎的轻松表情，但嘴却像一条鱼一样张开，大口地呼吸着空气。直到走近，我才感受到他剧烈的呼吸声。

很快他的身影在小小的山道上被一群缓慢移动的跑者遮住，直到再次出现在远处的巨大岩石下。就在他的身影要被岩石遮挡的时候，他突然伸出双臂，冲着镜头挥了挥手，然后消失在岩石后方。等待他的是接下来 20 多个小时的旅程。

这不过是一个普通的挥手告别动作，但是我竟然有些感动。在赛道上，我几乎从不和他说话，我只想做一个安静的拍摄者，我和他的交流，仅仅是有限的几次在旅程中的相遇，而每次相遇也不会超过几分钟。我遇到的绝大部分问题，都来自复杂之极的穿梭巴士时间表，以及几乎完全找不到在哪里的巴士站，搞得我一头雾水。但是他面对的问题和我完全不一样。

可是刚才他在几百米外挥了挥手，就好像遥远的银河外星系给地球发送了一个善意的信号，虽然过于遥远而不能传递更多的含义，但是在周遭巨大的山峰中间，渺小而脆弱的人类用力地向我打着招呼，遥远的交流让我心中为之一震。

在回库马约尔的巴士上，我看着地图，想象他离开我后会遇到什么样的景色。我之前经常出没于类似的高山地貌之中，大致可以联想出他会看到的画面。但我依然很羡慕，当第一缕晨光出现的时候，他应该在某个寒冷的山脊上，看着太阳升起，阳光刺破苍穹，而我则昏睡在小旅馆里面软得要陷进去的床垫上。

我突然想到去年，我在 Lavaredo 的一座山脚下，夜幕降临，潮湿

的雾气弥漫整个山谷，四周茂密的森林就好像蹲伏在不远处的怪兽，有着湿漉漉的毛发，附近响起微弱的溪水声。因为太黑了，我的取景器里几乎什么也看不见，只能看见有一丝亮度残存的天空。

猛然间，关雅荻从远处补给站的帐篷中钻了出来，好像刚才吃了菠菜的大力水手，昂首挺胸地奔跑着。

我问他：感觉怎样？

他回答：活着回来！

这是我之前一个电影项目的名字，我不知道他为什么要说这句话，但是这句话也让我意识到，有些感觉，不经历现场，是无法深刻体会的。

凌晨4点的终点，每一个跑过终点的跑者，面对的都是几乎空无一人的终点站，四周只有昏黄的灯光。经历了几十个小时的长途不间断奔跑，面对这么一个孤寂无比的结局，绝大多数人仿佛并不在乎，都在最后一瞬间绽开笑容，仿佛周围是冲他微笑的人群。因为真正体验到这项运动魅力的，只有自己。

这就是我感受到的 Ultra Trail 的意义：Be Yourself。

到现在，我还是无法让自己成为疯狂的跑步爱好者，但我有幸经历了一些让我有颇多感触的现场，我看见表情各异的面孔，我看见千万迥异的眼神，我看见无数拥抱、亲吻、欢呼与痛苦、沉默。但是始终，

关雅荻的起跑宣言：活着回来！

山在那里，水在那里，世界在那里。

现在，每次我看见空旷无比的大自然，就有一种想跑起来的感觉，很想在舒展身体的状态下尽力奔跑，感受迎面而来的微风，还有远处的光芒。

CHAPTER THIRTEEN

13

跑步，一个自我发现的过程

我曾极度克制地生活过，
也曾放纵过自己，
但这些磨炼，
并未实质性地刺激到我，
我的心依然躁动，
依然没有半刻工夫停下来思考。
但庆幸的是，
我对跑步这项运动有了更多的认识。

作者简介

深焦镜头

90后跑步爱好者，号称“钢铁跑侠”（真的是炼钢出身）。他通过跑步，从200多斤的大胖子成功转型为跑圈的“小鲜肉”。现为自媒体“天生勇气”金牌编辑。他撰写的“越野跑人物搜索”系列影响了国内一大批越野跑者。

2008 年，我高中毕业，仅一个暑假，在我离开家，去西安的学校之前，我的体重飙升到 200 斤。但当时并没有觉得体重是负担，只有在买衣服的时候会有些困扰，总是找不到合适的尺码。2009 年的下半年，不知什么心理，我莫名其妙地开始了减肥。直到现在我都没搞清楚，但误打误撞，我养成了跑步的习惯。

那时，我几乎每天晚上都去操场，跑完后还要去操场边单双杠上操练一下。但在吃上，我并不控制品类，只简单粗暴地把量砍掉一半。很快，我的体重就有了非常明显的下降，但因为吃得不科学，留下一堆赘肉，最明显的就是肚子上的“游泳圈”，整个人没有肌肉线条。2011 年上半年的某一天，我例行站在食堂门口的体重秤上，看着颤颤巍巍摆动的指标停在 69 的刻度上，高兴极了！体重降下来的直接后果是，我跑得更快了。在学校 3000 米体能测试中，全专业 60 多人，我跑了第 5，这是我体育职业生涯的巅峰，至今未能突破这一成绩。当时我觉得绕着操场跑 10 圈就是大神，虽然知道有马拉松，但绝对想不到有一天自己会完成马拉松！西安那时已经有城墙半程马拉松了，我认识一位学校田径队的女孩，她是打破学校 100 米纪录的高手，而且还参加了城墙半马，我经常远远地看着她，仰慕极了。即便这样，我也没想过尝试报名城墙半马，21 公里，对我还太遥远。

减肥成功了，动力也就没了。跑步不再是我生活的一部分，只是在朋友召唤，或者心情不好时，才会去操场上跑两圈。

大学毕业后我在武汉一家国有钢厂炼钢，我跟同屋的朋友说自己要参加马拉松。不过却被另一件事儿给打断了——我开始喜欢自行车。这是受到一位同事的影响，他非常潇洒任性，整天想着骑车环游世界，加上无意中看到石田裕辅的《不去会死！》，我见识到骑车旅行的浪漫，因此便有了骑自行车环游世界的想法。这颗种子被埋在心里，等到我对枯燥烦闷的工作感到厌倦时，这个想法就会战胜理智，让我抛下所有出

发。事实也是如此，一年后，我离开钢厂，驮着超过 30 公斤的各种装备，骑着山地车，开始了环游世界的第一步——环游华北地区。

原计划是北上穿越内蒙古，沿着边境线向东走，回到我的故乡黑龙江，但我没有考虑季节和天气，11 月底到西安，如果按照原计划朝人迹罕至的内蒙古出发，孤身一人穿越 5000 公里，会很危险。于是果断放弃，我觉得出发时的一口气没了，对自己失望极了！

无论如何，生活在继续，时间在流逝，故事在这里发生转折。我在西安度过大学 4 年，有很多朋友和同学，总能找到住的地方。我寄住在同学的宿舍，惶惶中度日，我当时不知道自己该干点什么，相对于身体的闲逸，我的心有些无处安放。每天睡到中午，跟同学去食堂吃饭，回来睡午觉，然后整个下午都在上网，吃晚饭，晚上继续上网至深夜才睡觉，有时候约上朋友或同学吃饭喝酒。那是一段自我放纵的日子，自由却并不快乐。

我受不了这种生活，决定做些什么！改变就从早起跑步开始，从

2013年12月初开始，到2014年2月末结束，我每个月都会保持20次以上的出勤率，这是我训练最连贯的一段时间。

因为潜意识里觉得跑步算正事，让我的精神有了些依靠。一次浏览网页，在Youtube上看到一段视频，这段视频就像一扇新世界的大门，让我知道原来还有一种在高山荒野中奔跑的运动，这段视频就是Kilian Jornet的《生命之巅》(Summits of My Life)先导预告片。冰天雪地，他竟然只穿裤衩，在悬崖峭壁上如履平地。这画面给我非常大的震撼，直到现在，我对越野跑的所有美好幻想依然与冰天雪地和悬崖峭壁有关。

以当时激动的心情，只是跑步无法满足我的雄心壮志，于是有了介绍国外最有名越野跑者的想法。我先在网上搜索“跑步网站”关键词，找出来后挨个注册，然后把自己写的Kilian Jornet小传放在这些网站上，每天一篇。

元旦期间，我回到黑龙江老家，开始一段新的连续的训练，也是在这段时间，我切身地感觉到跑步带来的乐趣。

我家在小兴安岭深处的林区，冬天最低气温达到过 -40℃，因为森林覆盖率高，空气质量好，溪水和山泉水干净到可以直接饮用，白天最高气温也会在 -20℃左右。空气冷冽，道路被大雪覆盖，我沿着一段 1 公里的河道，来回往复跑了几十次。跑完后衣服全部湿透，睫毛上已经结冰，全身冒着热气，简单重复带来的宁静感让我着迷。家离河边不远，河边是山，我就去爬山，累归累，爬到山顶俯视大地，仰望蓝天，感到很幸福。休息一会儿，再顺坡而下，一溜到底，再烦躁的心情也会平复。最爽的是摔在半米深的雪堆里，对身体失去控制的感觉不会让人恐惧，反而会感到瞬间的自由。

在家里无所事事的 4 个月，我单次跑步距离第一次突破 20 公里。

一天中午 11 点多，我像往常一样，穿戴整齐，戴上手表，把手壶挂在手上，出门后朝河边跑去。我能感觉到脚部轻盈，那是个晴天，太阳照在脸上暖洋洋的，真适合跑 20 公里。按下手表的按钮开始计时，我有意识地控制着速度，开始 5 公里很慢，慢得我开始失去耐心，把手表上显示的速度放在一边，开始随性奔跑，速度缓缓提高。我能感觉到呼吸越来越粗重，呼出的热气接触冰冷的眼镜片，凝结成厚厚的霜，根本看不清眼前的路，不过没关系，这条小路已经不知道被我踩过多少遍。只坚持不到 5 公里，身体和大脑便开始叫停，在荒无人烟的室外，重复的跑道，被霜雾遮住的视线，将空虚和无聊的感觉无限放大，随之而来的是身体的疲惫，看手表还不到 12 公里，还得继续。在剩余的 8 公里，我无数次看手表上的里程数字，盼着它快点到 20 公里，但急切的心情似乎把时间拉长了，无聊和疲劳折磨得我每一秒钟都辗转在放弃的念头中，但我并没有停下来。手表显示 19 公里时，痛苦的感觉再次被放大，

即将结束却还未结束，身体累积的疲劳和疼痛，让最后 1 公里感受到的痛苦超过之前所有。我沉浸在挣扎中，突然“滴……”声响起，我抬起手臂看到手表上的数字停在 20 公里，瞬间感觉到更大的疲劳袭来，但精神突然放松也让我感受到巨大的满足感，有想哭的冲动。

这次训练，让我体会到跑步的意义——置身于荒芜的时空中，独自享受自由的快乐。

虽然不用工作的日子非常舒服，但我没有借口继续这样的生活，我又回到西安。即便如此，我依然不知道何去何从？幸运的是，有两家网站联系我约稿，并支付稿费，虽然平均下来，每个月只有 800 块，但我并未觉得少，这些钱足够我有地方住、有东西吃。不过，因为自己很少规划生活费，能真切地感受到拮据。

在此期间，我把中国和外国关于跑步的网站基本都浏览了一遍，英文的，我自己试着翻译，并继续写越野跑者的人物小传及一些知名的越野赛。

我手里积累的素材越来越多，但发布在论坛或其他网站的时候，却总是淹没于茫茫“帖海”中，明显产出和投入不成比例，这让我非常无奈。

我很仰慕 Geek（极客，是指一些对某种现代科学产物有特殊爱好的人）范，所以决定动手搭建独立博客，虽然已经充分考虑到困难程度，但遇到的挫折还是超过想象，折腾了 2 个月后，我的独立博客上线。我把自己之前累积的素材都放了进去，又给这个独立博客申请了微信公众号和官方微博账号，6 月初，我做完所有准备工作。在接下来的半年时间里，我几乎宅在屋里不出门，除去定期供稿，每天强行要求自己翻译 3000—5000 字的文章，上传到博客、微信公众号和微博。当然，我还在继续跑，西安的城墙根是最好的训练场，绕一圈 13 公里，风景足够有趣，距离也足够训练要求，余下的时间就是做饭、吃饭和睡觉。

这段时间我尝到跑步的另一种乐趣，那就是跟大家一起跑。2014 年的夏天，西安当地的跑团组织跑上城墙活动，我报名参加，原本喜欢独自跑的自己第一次参加跑团活动，开始还有点不适应。但由一群热爱跑

步的人聚在一起形成的自发组织，好像有魔力，让人变得活泼，我跟着大家一起跑，分享进步带来的兴奋，每次训练后的“冰峰”（西安产的汽水）和凉皮成了我当时最大的慰藉。我也知道原来还有这么多人喜欢跑步，可以为了参加比赛安排一次旅行，甚至不远万里。

这时，恰好一个机会可以让我去华山参加徒步登山赛。我当时报名参加的是短距离的体验组，因为之前完全没有经验，最开始用力过猛，最后的几公里，几乎是手脚并用地往上爬，迈过最后一个台阶的感觉棒极了，这种跨越障碍冲向终点的体验，在我人生处于不知往何处去的状态时，给了我巨大的鼓舞。随后在衡水马拉松，我完成了一年前许下的愿望，花了 4 小时 32 分钟完成我的首马。

我的首马并没遇到太多波折，但却让我感觉自己正在做的事情是有意义的，这种感觉的获得要比简单完成马拉松更加宝贵。

我回到西安继续原来的生活，完成马拉松并不值得骄傲，我见过太多的高山，但是在接下来的 3 个月中，我的训练量开始下降，翻译工作量开始下降，吃饭频率也开始下降，从每天 3 顿饭降到 2 顿，总是窝在屋里看电视。这种糟糕的状态让我抓狂，后来回想，我当时的状态非常封闭，给自己安排的工作多到让人窒息，加上自己做的事没有任何起色，自己没有耐心继续等待，但又不知道还能干什么。当时的我没有足够的意志力和能力解决这个矛盾，所以只能用些虚幻的东西填补生活，例如看电视，其实是在逃避。随之而来的是强烈的自我怀疑，甚至无法与陌生人交流，只能跟少数几个朋友有接触。

有一天，我睡到中午，出门买菜，一阵风一下子让我清醒了许多，打了个喷嚏，抬头发现树上的叶子已经黄了，飘落一地，原来已经深秋

了。我陷入恍若隔世的感觉中，突然觉得日子不应该是这样。我终于承认，我的自控能力还不足以撑起如此独立的生活，还是找个工作吧！

就这样我来到了北京。

这是个非常普通的大概每个人都会经历的自我发现的过程，可惜到现在，我依然没有发现真正的自己。我曾极度克制地生活过，也曾放纵过自己，但这些磨炼，并未实质性地刺激到我，我的心依然躁动，依然没有半刻工夫停下来思考。但庆幸的是，我对跑步这项运动有了更多的认识，在跟读到我稿子的人交流时，发现我的认识可能帮助到他们，这令我异常高兴。根据我的个人跑步经历，有以下一些切身的体会。

首先就是伤病的问题。在我六七年的跑龄中，几乎没有让我必须停下来的伤病，大部分原因要归结于我很少的训练量和极低的参赛频率，其次就是我总是误打误撞地契合着某些科学的训练理念，例如交叉训练

和力量训练。即便在我体重最大、训练最频繁的时候，我也没有忽视上身力量的训练，我没有专门进行器械训练，但简单的俯卧撑、深蹲、仰卧起坐和引体向上，让我的核心力量并不会像肥胖的身材那样不可信。我有一段时间把跳绳作为跑步的补充，这对我的小腿和足部肌肉都是很好的训练，对协调能力和平衡能力也是非常好的补充，这些都是在误打误撞的情况下进行的，我很庆幸。

在讲述伤病避免的时候，自然会涉及训练方法，如前所讲，所有伤病都是因训练方式不对造成的，那什么才是合理科学的训练方法呢？归纳起来就是——交叉训练、多样化训练和持续训练。

自行车是最好的交叉训练方式，对大腿肌肉锻炼非常有好处，特别是后侧腘绳肌——在跑步中难以练到却又对提高跑动效率至关重要的肌肉。

多样化训练就是不能一个速度跑，按照科普论文的措辞方式，我们知道还有节奏跑、加速跑、间歇跑、LSD 等不同的跑步训练方式，我的做法虽然在形式上有所不同，但本质是一样的，就是让身体适应长时间跑动和快速跑动。我选择的是爬山，尽最快速度爬上去，然后放松着跑下来，据说这对大腿肌肉力量的提高非常好，而大腿肌肉力量是长距离耐力之源。

持续训练在于运动基础的累积，也就是各路专家说的打下良好的有氧基础，你能否持续 1 年以上的系统连续科学训练，对以后成绩提高至关重要。

俗话说：“人是铁，饭是钢，一顿不吃饿得慌。”在跑步训练中，饮食也是非常重要的一环，饮食的合理与否不仅关系身材的好坏，还牵涉到恢复的效率，而恢复的效率与训练连续性和引发生病都息息相关。

在饮食方面，因为长期流离居无定所，导致我吃饭的目的就是填饱肚子。不过，有高蛋白高脂肪摄入的古法饮食、素食、地中海风格等，按照间接经验，摸索到适合自己的方法就行。

我越来越享受奔跑在路上的感觉。

最后需要说的是拉伸。有段时间，我突发奇想想要劈叉，在网上找到一种拉伸方法，叫作对等性柔韧训练，我跟着做了两个多月，最后勉强能够竖叉，横叉基本没戏，随着后来整个训练计划的搁置，柔韧性训练也不了了之。也恰好因为三分钟热度的个性，我没能把柔韧性练好，后来知道柔韧性过高，对跑步效率的提高是巨大的阻碍。如果有兴趣，可以做一些对等性柔韧训练，坚持练到能竖叉的程度就可以。

另外，合适的装备对提高训练积极性、身体的保护都有不可忽视的帮助。

CHAPTER FOURTEEN

14

2016，我的 UTMB 之旅

疲劳累积让我困得无以复加，
但又不能睡死在路边，
于是想了个折中的办法，
坐在路边石头上，不关头灯，开始打盹，
感觉要睡着就马上醒来继续走。
时间在流逝，
断断续续地往前走，
我却好像离终点越来越远。

作者简介

白福利

江湖人称“白爷”，登山老鸟，曾登顶希夏邦马峰，珠穆朗玛峰等高海拔雪山。2013 年接触越野跑，彻底颠覆了此前认为“跑步是枯燥、难以忍耐的代名词”的观念，对跑步的痴迷一发不可收拾，至今多次参加 UTMB、Lavaredo 等国际大型越野跑赛事。

很早之前我已定下霞慕尼比赛兼旅行计划。2016 年 8 月 19 号到达霞慕尼，26 号下午比赛，比赛结束后 29 号返回。为了适应当地的海拔和气候，我决定早去。陌生的环境会勾起我的好奇心，甚至消减比赛激情。

2016 年 8 月 20 号早上，我便开始连续 4 天、每天 1000 米爬升训练适应海拔，训练地点分别是南针峰、Les Praz、La Felgere 以及霞慕尼天空跑爬升赛其中的一段。因为还在倒时差，所以感觉有些不适。

告别闷热难耐的上海，来到凉爽低温的霞慕尼，虽有不适，但爬起来还是相当有精神。因为有些担心右腿的拉伤，训练时我就用上了登山杖，这对在阿尔卑斯山区路面上爬坡很有用。这 4 天，我每天都保持 4 小时的训练量，沿路能看到很多游客，也有很多正在训练的高手，但不同之处是，我们爬的路他们在跑，我们跑的路他们在飞，都怪我们肥胖的身体拖累了高远的理想，太惭愧！除了每天爬山，我们也会在晚

上来一个5—10公里平路跑，剩下的时间就都是吃饭和睡觉。4天的训练，我对赛道、气温、沿途路况熟悉了不少，伤腿也没有不适感，而且有了信心。

Mimigaga到了霞慕尼就要上赛道适应，我和她反向走了赛道的最后8公里。她10小时就搞定OCC，赛后说对这个人人叫苦的下坡没有一点儿畏惧心理。

23号是Expo（赛前展会）开始的日子，可以领号码布。早上我去Grace房间的阳台看PTL出发仪式，她的房间就在拱门边上。这个290公里的比赛纯粹是“老司机”的玩物，全程自导航，选手都是老大爷和老大娘。下午我跟Grace去UTMB中国招待会，举办者请了之前的冠军讲解赛道情况和比赛感受，这绝对是考前划重点的时候，幸亏自己没错过！

25号我就开始忙了起来，早上去接TDS完赛归来的朋友，晚上还要接 Mimigaga，她的完赛再次证明：优异成绩是勤奋的结果，她勤奋自律，配得上 10 小时的好成绩和路人的欢呼。

忙碌的一天已经过去，躺在床上，多少对明天下午开赛的 UTMB 有些担心。

UTMB 开赛前，我们住的小屋子里气氛有些诡异。曹峻去库马约尔参加 CCC，任姐和山胖躺在床上假寐不出声。我、悟空和 Michael 建议大家早上就不用集体吃早饭了，怕打扰到大家的节奏。前几天还热闹非凡的餐桌前此时冷冷清清，就算是两个人在一起吃饭，也没了先前的欢声笑语。大家吃完饭各自回屋睡觉，真的能睡着吗？我躺到午饭时间出门，吃完午饭又回去躺下。

下午 3 点多，Mimigaga 送来两个大比萨，大家商量好 4:30 出发去起点，先存包再去起点照相。4 点时，悟空突然说，5 点了要出发了，引起屋内一阵小骚乱。Michael 正吃着加料的方便面，突然说找不到号码布。整

天装死的众人，在比赛开始前集体陷入兴奋和紧张，纷纷复活。因为好几位高手在 TDS 退赛，这对大家的打击很大。每个人都有了压力，顺利完赛已经和荣誉、能力紧紧嵌在一起。

我们到起点时，已经挤不进去了，只能从教堂边走进去，这已经是最末尾的位置。所有人都很兴奋，特别是《Conquest of Paradise》响起时。我看过两遍《1492》，电影里讲哥伦布发现新大陆的故事，对欧洲来说，新大陆就是传说中的天堂。在 UTMB 起点响起这首曲子，也给这条赛道赋予了相同的意义。

比赛开始，庞大的队伍缓慢挪动，15 分钟后我们才开始跑，两边街道上欢呼的人群，伸出手给我们加油，场面让人激动。

爬第一座 600 米的山头前，我、悟空和 Michael 三人不断互相告诫，不要太快，压住心率，控制在 115，但开始时人很激动，根本压不住，心率直接飙到 140，不得不减速，搞得 Michael 很不爽。紧接着的大下坡，我想悠着点，可因为要给好几个人让路，逼得我只得往下飞，超了 200 人，心率升到 150，惹得悟空非常生气。

最后的结果证明，我们三人之所以能完赛，还可以在 120 公里后发力，和前面速度慢有很大关系。

我们到 50 公里补给站 Les Chapieux 时，已经翻过第一座大山。接下来是跑一段公路，我开始犯困，跟 Michael 说话的工夫，我睡了一觉。能看到路边不断有人“横尸”，想必跟我一样困得受不了，却没我走着睡觉的本领，只得找空地儿躺下睡。

到山脚下时，看着眼前没尽头的上坡，疲倦突如其来，速度根本上不来，不过我并没有着急，顺势慢吞吞地爬。这届比赛新加了一段雪坡路和乱石阵，等我到这里后，高海拔开始起作用，总也使不上力气。我觉得只要忍忍就能过去，还可能激发更大的能量，所以即便被后边的人超过，也没太在意。欧洲人普遍大长腿，爬坡很厉害，一米九的大个子，用登山杖，迈开大步“哗哗”向上，不过这些人下坡速度很一般。中欧的校友天舒赶了上来，从我身后超到前面，小朋友淘气姑娘也追了上来，虽然心有无奈，我也只能慢慢来。我在 2015 年的 UTMF 见过淘气姑娘，她因为节奏失误加上吃太多，放屁无数，遗憾退赛。不过这次应该是汲取了经验，看起来情绪不错，上坡很有力量。

到了山顶，天亮透了，远处山谷里是静静的白云，云下面是库马约尔。那里是中点，可以吃饭、洗澡和睡觉，还可以换衣服。我让人帮忙拍了张照，开始飞奔下山。一切都按计划进行。

到库马约尔休息站时，Michael 和悟空已经开始换衣服，我拿了存衣包，吃了一碗意面，就去找地方睡觉。睡觉的床就是个床垫，一躺下就开始做梦，迷迷糊糊感觉有人在身边，睁眼一看是蜗牛。蜗牛是我登山时的好伙伴，现在是意大利女婿，我来欧洲滑雪，总是蹭住在他家。他帮我拍了几张照片，说后面山头再见，我立刻又睡了过去。半个小时后，我被闹钟叫醒。

我在库马约尔换了上衣，换下萨洛蒙的鞋子和袜子，换上了阿瑟士的跑鞋和 UTMB 纪念款豆豆袜。这个经过深思熟虑的决定绝对是个败笔，袜子的前脚掌部分特别松垮，鞋子也松垮，没跑多远就脚上起泡，我也只能忍着了。

走出体育馆，碰到既是登山好友又是中欧校友的张健和Linda，他们专门坐大巴来看我们。Michael出补给站时糊里糊涂地把帽子给落下了，幸亏Linda那里有备用，借给了他一顶。到库马约尔小教堂时，又碰上了悟空和老上级王健，他和曹峻都已经从CCC组退赛，特意在这儿等着给我们加油。我还在沿途碰到许多游客，他们总是拿出自己的东西给我们，有烤香肠，有啤酒，还有咖啡，小朋友们也雀跃地跟我们击掌。这次从国内来了不少人，对赛道上的中国选手来说，在陌生的国度看到熟悉的面孔，绝对是莫大的鼓励，而他们在这里获得的感动和经验，必定会随着他们进入中国越野跑界。

在这里我还见到了“唯慢不破”的哲学大师关雅荻，他说库马约尔之前因为关门时间紧，大家感觉很难，其实后面会好很多。我们居然还会遇到被关门这种事儿？好久没感觉过关门时间带来的紧张感，我们心里一紧。果然是UTMB，在国内的比赛，哪还用考虑关门时间！

从库马约尔到下个山顶的达段路上，太阳升得老高，晒得要命，好在我防晒措施得当，用溪水浇了头，把大腿也淋了一下，发紧的肌肉瞬间舒服不少。淘气姑娘在之前的下坡被我超了过去，现在也追上来要和我们一起走。这家伙一路絮絮叨叨，把悟空和 Michael 都快折磨疯了，直叹跟不上她的语速和跳跃的主题。

刚到山顶，悟空就提议说天这么晒，不如睡一会儿，晚上凉快了可以提速。我正处在情绪低谷，立刻发声响应，躺在草地上开睡。可 Michael 老大不情愿，感觉把计划搞乱了。他后来跟我们说，在睡觉的 20 分钟里，大约有 100 人从我们身边经过，之前的努力都白费了。到 97 公里的 Arnuva 时，距离关门时间只剩 1 小时，惹得 Michael 怒气飙升，把吃剩的半个香蕉狠狠地扔在垃圾堆，恨恨地说："节奏都乱了！"

在往 2527 米的 Ferret 山顶爬时，可以看见前面影影绰绰的选手，被逆光剪出的黑影，景象颇为壮观。到了山顶，又看见熟悉的蜗牛，他一早就爬上山专门等着拍照。各种姿势的摆拍，搔首弄姿后，我们开始迎接大下坡。这是我的强项，一路超越无数人，一路杀到补给站。

到补给站 La Fouly 的时候，我决定处理脚上的水疱。如果从开跑不换鞋，水疱不会这么严重，不过在医生处理的时候，我多了点睡觉时间。

出了医疗点，天空飘起小雨，站在寒风中的我冷得瑟瑟发抖，赶紧换了长裤、棉帽和冲锋衣。随后，就进入了睡眠期，虽然勉强能走，但根本就无法加速，走路也开始摇晃。我试着边走边睡，但并不好使，因为路边就是悬崖，真害怕一头栽下去。路边有睡着的选手，姿势千奇百怪。一旦睡过去，身体肯定会凉下来，最后导致退赛。

疲劳累积让我困得无以复加，但又不能睡死在路边，于是想了个折中的办法，坐在路边石头上，不关头灯，开始打盹，感觉要睡着就马上醒来，继续走。时间在流逝，断断续续地往前走，我却好像离终点越来越远。

这样折腾了三四回，终于到了补给站 Champex Lake。这里是我事先计划好的睡觉点，也是选手家属聚集的地方，不知道是床太舒服，还

是家人的怀抱太温暖，这里同时也成了选手集中退赛的地方。

中国助威团的阵容异常强大，Grace 等在这里，蔡天王和老板娘，还有他们的团队也在这里。吃意面的时候我琢磨该找蔡天王换双鞋子，但他鞋子尺码比我小半号，不过他的一个小朋友的鞋子比我的尺码稍大，是松糕鞋 Hoka。我就要求换鞋，他二话不说马上脱鞋，别提有多痛快！换过鞋，了却一桩心事，我已经困到极点，趴在桌子上开睡，半小时后，重新精力充沛。距离关门时间还有 1 小时，从补给站出发。出站的时候意识有点儿模糊，已经不记得有没有和蔡天王、老板娘打招呼。

往山顶补给站爬的时候，困意再次来袭，比之前还要严重，我几乎已经失去意识，只能按照坐姿睡觉法，一步一步挪到山顶。在山顶，遇到了悟空和 Michael，悟空想要睡一会儿，我们坚决不同意，因为高海拔休息根本没有质量。下山短短五公里，我基本上是依靠本能在走，终于到了 140 公里的补给站 Trient。我在帐篷外面看见老板娘，她问我喝不喝粥，我已被困意折磨得痛不欲生，根本没空儿理她，进帐篷吃了一碗咸汤面就开始睡。闹钟设在半小时之后响，我醒来看表过去 24 分钟，便已没有睡意。

虽然睡了不到半小时，但感觉又重新活过来了。悟空和 Michael 都先走了。按照事先的计划，120 公里以后大家就要各自奋战。

还剩 30 公里，还有两座大山，我已经不再担心是否能完赛，我想跑得更快，比风还快。

从补给站 Trient 出来时，天刚亮不久，10 公里路上要爬升 800 米，下坡 800 米，这难度可不小，但我已经没时间可耽误，只能豁出去了！还要感谢前半程的保守战术，这个时候终于显示出效果。吃能量胶是个

好办法，身体开始发热，腿上力气大增，面对最后的上坡，几乎不费吹灰之力。

150 公里之前的下坡爽到不能再爽，一个坡我就超了 80 人，很多选手听到后面的脚步声就先行避让，即使没力气让路，我也能从边上绕过去。

补给站 Vallorcine 在大坡下面，我潇洒自如地飞奔而下，一进去就碰到 Grace，她有工作证，可以随意进出补给站。她跟我说："白爷，你情绪真好。"我边吃咸汤面，边说："好得不得了，我要猛冲了。"我又用盛咸汤面的碗要了一大碗咖啡，咕噜噜喝下，直接出了补给站。这里牌子上的字儿也很诱人——直通沙木尼，我马上就要回到两天前的起点了。

到最后的大坡下面，我决定清理一下"缓存"，于是在坡前一个酒吧的洗手间痛快地"新陈代谢"了一回，绝不把瑞士的残余带到意大利。这一路我特别重视饮食正常，除非必要，很少吃能量食品，目的就是保证肠胃工作正常。在补给站，我一般都是两碗咸汤面，拿起面包、意大利香肠、咸肉、奶酪直接走，上坡时慢慢品尝，细嚼慢咽。

最后这个坡要一口气爬 900 多米，路面泥泞。开始 40 分钟补充了能量胶，腿上立刻充满无穷力量，那块石头陡，偏要从那块石头上。事后看数据，到最后高点时，我一共超越了 100 人。

这一段路，很多人认为是组委会特意安排的下马威，在没有力量的情况下如此繁杂且曲折的路线，确实让人很难受。半途有个打卡点可以补水，我喝了点，通体舒爽！

到了补给站 Flegere，只剩 8 公里下坡。我喝了一口可乐，吃了一块蛋糕，开始最后的下坡。这段下坡，我又超了 70 多人。进镇，前面是名叫 Floria 的小酒吧，看到我们，各式酒客齐声喝彩。为了冲线时的 Pose 好看，我早已把登山杖插到包里，空出两只手和路人拍掌。到终点前，周围更是欢呼雷动，感觉整个小镇的人都是为我而来……

跑者日常训练指南

刚开始跑步，需要准备哪些装备?

良好的装备不仅可以增强跑步的仪式感，让跑者对跑步产生持续兴趣，更有助于跑者提高成绩、避免运动损伤。

1. 跑鞋

考虑因素		鞋型			
		缓冲型	稳定型	中性	轻量
BMI	<8.5	√	√	√	√
	18.5—25	√	√	√	
	>25	√	√		
脚型	内、外翻		√		
	正常	根据体重选择			
足弓	高、低		√		
	正常	根据体重选择			

2. 衣裤

选择跑步衣裤，应避免棉质，吸湿速干是基本要求，但不同的速干面料的表现也不同，可以根据价格或咨询店铺服务员来确定。另外不同天气情况，注意搭配。穿戴好后出现在户外时，感觉稍冷为佳。

3. 袜子

袜子对双脚是否会出现水疱有很大影响，五指袜是公认的最佳防水疱袜子，天然羊毛是排汗性最好的材料。最好的五指袜品牌是 Injinji，最好的羊毛袜品牌是 Smartwool。

4. 帽子

首选内侧带有“毛巾圈”的帽子，可以代替导汗带。帽檐最好足够宽大，便于遮阳。夏天首选空顶帽，有利于散热。

5. GPS 手表

基本要求能显示心率、运动时间、实时配速、训练距离，可以更好地观察跑步过程中身体的变化，准确记录和针对性提高跑步成绩。

如何写训练日志？

养成记录训练日志的习惯，有利于我们定期回顾训练过程，并根据身体状态的改变调整训练，提高训练效率。与此同时，看着日历上被自己做过的训练记录填满，更是坚持下去的动力。

记录训练日志其实很简单，只需要涉及基础的几部分即可：

1. 当天情况

包括日期、训练开始时间、天气、气温、湿度。

例如：2016 年 7 月 20 日，早上 6 点开始热身。小雨，气温 29 摄氏度，湿度 60%。

2. 训练情况

包括训练时间、训练距离、训练配速、训练内容、有无爬升、平均心率。

例如：耗时 1 小时 20 分，完成 15 公里放松跑，配速 530。训练前热身 10 分钟，活动踝关节、膝关节、髋关节和肩关节，动态的肌肉拉伸；训练后 10 分钟放松，静态的小腿肌肉、大腿肌肉、背部肌肉拉伸，散步 5 分钟。过程中无爬升，平均心率为 158。

3. 补给

包括饮水和食物。

例如：训练前补纯净水 200 毫升，训练中补纯净水 300 毫升，训练后补运动饮料 500 毫升，可乐 300 毫升。

4. 身体感觉

记录个人的主观感受。

例如：训练开始前身体略疲惫；训练前 5 公里，配速和心率紊乱，疲劳感增加；后 10 公里心率维持在 155 左右，疲惫感减轻；训练后感觉不错，积极的心理状态，对即将到来的比赛充满信心。

养成记录跑步日志，距离下次 PB 更近一点。

跑步中如何与自己的身体对话?

无论是在训练中，还是在比赛中，学会跟自己的身体对话，是降低伤病概率的最有效办法，而所谓跟自己的身体对话，就是能够识别身体发出的信号，并做出正确反应。

信号 1 岔气

解读：岔气的实质是隔膜抽筋，与导致普通肌肉抽筋的原因相同，天气过冷、热身不充分、盐分流失过多、呼吸过浅等都可能引起岔气。当出现岔气时，首先停止跑步，用与呼吸相同的频率按压腹部，直至疼痛消退，或者身体前倾，拉伸隔膜。跑步前不要过量饮食，充分热身，可以有效降低岔气发生。

信号 2 肌肉抖动，感觉无力

解读：这可能是肌肉未从上次训练的疲劳中恢复，也可能是本次训练强度过大或者进阶太快，肌肉不能在短时间内适应。另外，缺水和电解质流失严重时，抽筋的前期症状就是肌肉发抖，此时需要放缓训练，同时注意补充水分和电解质。

信号 3 头晕

解读：空腹跑步造成血糖过低，心肺能力无法支撑训练强度，呼吸节奏不对，病愈后过早恢复训练，熬夜疲劳后跑步，都可能造成头晕。

因此，在训练中应尽量避开上面提到的情况。

信号 4　肌肉酸痛

解读：训练后肌肉酸痛维持 1—3 天是正常现象，也是肌肉力量和耐力增强的必要过程，无须过度担心。训练结束 3 天后，如果肌肉疼痛程度未有任何缓解，就需要咨询医生，很可能已经造成肌肉拉伤，要在医生指导下进行恢复。

信号 5　疲劳嗜睡

解读：在进行同等强度训练之前，增加 1—2 小时睡眠，观察身体是否依旧有疲劳嗜睡症状，判断是否为睡眠不足。如果答案是肯定的，建议每天提前 20 分钟上床睡觉；否则需要与教练及医生沟通，判断是否身体出现隐藏疾病。

简单几招轻松克服跑步枯燥！

克服枯燥的办法，关键在于不断尝新。

1. 用装备诱惑自己

为自己配置好用酷炫的跑步装备，自然会有试一试的冲动，runners-world.com 和 running.competitor.com 两个国外的网站定期发布全球最新装备动态。“什么值得买”网站不定期推荐最划算的跑步装备购买方式，各大商场也会有促销活动。

2. 变化训练形式

每天慢跑 10 公里，就像每天只吃白米饭，怎能体会跑步的乐趣？更有效的方法是以周为单位，安排自己的训练。变化训练形式，无论是身体还是心理都不易疲劳。周一 10 公里慢跑，周二 10×800 米间歇训练，周三不跑，用游泳、自行车或者其他方式代替，周四 10 公里慢跑，周五 5 公里慢跑，周六 20 公里慢跑，周日彻底休息。

3. 玩比赛刺激自己

训练是过程，成绩是结果，通过比赛来检验成绩，才会觉得训练有意义。在训练过程中，循序渐进地安排比赛，根据比赛调整训练，会更有成就感。如果你在准备全程马拉松，可以以月为单位，参加 1 次 10 公里的趣味比赛，注意比赛不要安排在连续的两周内。

4. 享受休息

休息也是训练的一部分，听从身体的声音，每周至少休息 1 天。根据训练后身体的反应，可以随时休息。千万不要担心休息会降低跑步能力，会休息才能跑得更久、更远。

跑到什么程度适合参加马拉松?

1. 持续训练 1 年

这里所说的“持续训练”，是指每周至少完成跑步训练 3 次，每月累计跑量在 100 公里以上。

2. 参加过半程马拉松

半程马拉松一定程度上可以模拟全程马拉松中可能遇到的意外。

3. 无伤病

身体状况良好才能参加马拉松，即便只是身体某个部位不舒服，一场全程马拉松下来，也可能演变成确实的伤病。

4. 做好“牺牲”准备

马拉松的准备训练不简单，需要牺牲大量时间，还要改掉某些生活方式，例如泡吧、吃垃圾食品、熬夜等，以保证训练的连续性。

5. 内心渴望跑一场马拉松

找到说服自己参加马拉松的理由，比如参加慈善马拉松，实现对自己的承诺……调动自己对马拉松的渴望，但绝不要冲动。

如何选择适合自己的马拉松？

1. 留足准备时间

要参加全程马拉松，至少要提前 3 个月决定。两场全程马拉松时间间隔至少 1 个月。

2. 事先了解比赛

如果是公路马拉松，注意比赛当天的天气情况，是否为雨季，气温是否偏高或偏低，空气湿度是否适中；如果是山地马拉松，需要事先搜集海拔地形图、赛道路况，以及当地天气基本信息。

3. 确认后勤保障

如果是在本地比赛，住宿和交通不会有太大问题；如果参加外地或外国的比赛，就需要考虑包括住宿、交通、时间安排等问题，一定要提前做好功课。

4. 进入报名流程

是否需要预先报名，是否需要体检证明，是否需要有比赛经验，是否需要抽签，何时开始报名，这些信息都要提前获知。

根据自身情况，从以上几方面考量，敲定适合自己的马拉松比赛。

马拉松比赛前如何准备?

从装备、心态、饮食和训练四维一体准备一场马拉松比赛。

1. 装备选择

假设你已经有 1 年持续训练经验，那么你至少有一双使用超过 1 个月的跑鞋。在马拉松比赛中，跑鞋至少要跑过 100 公里的训练量，但不要超过 500 公里，最好选择有 200 公里累计训练量的跑鞋，衣服和裤子选用平时的训练服即可。遵循一个原则：不要在比赛中尝试新装备。

2. 训练调整

比赛前 2—3 周，开始有意识地降低训练量，以每周 20% 的幅度递减，在比赛前三天，停止正常训练，用 5 公里以内的放松跑保持状态。

3. 饮食调整

日常饮食中碳水化合物、蛋白质和脂肪的摄入比例为 6∶3∶1。赛前 1 周调整饮食结构，逐渐增加碳水化合物比例，以提高体内肌糖原的储存量；赛前 1 天，停止摄入脂肪；比赛当天的早餐，杜绝脂肪和蛋白质，以免比赛期间出现消化不良的问题。

4. 心态调整

马拉松比赛开始前，特别是第一次参加马拉松的人，相对于恐惧和紧张而言，更多的是兴奋，这极可能造成赛前失眠、比赛前半段速度过快等诸多问题，往往会妨碍正常水平发挥。如果有上述情况发生，比赛中可采用下面的方法平稳完赛：制定精确到5公里的比赛计划，以150—160次/分钟心率为标准正常配速，前15公里慢于正常配速10秒，中间10公里速度提高到正常配速，最后17公里配速快于正常配速10秒。

如何准备第一场超级越野马拉松?

坚持跑步到一定程度的跑者会对自己的极限有很强的探索欲，参加超级越野马拉松则是很好的测试途径。第一场超级越野马拉松可以从以下方面准备。

1. 马拉松跑进 4 小时

之所以要求全程马拉松跑进 4 小时才能尝试超级越野马拉松，是因为 4 小时内完赛的跑者的肌肉、韧带和筋膜的强度才足以支撑更远距离的连续跑动。

2. 以 50 公里为小目标

需要遵从循序渐进的训练规则。

3. 控制每周跑量

每周跑量控制在 40—70 公里即可，注意周内训练的连续性，停止训练时间不要超过 3 天。

4. 每两周至少进行 1 次山地训练

在平路训练，无法体会连续爬升和下降的感觉，最好能够根据具体比赛，在相似的山地环境进行训练。

5. 使用能量胶

在平时训练中使用能量胶补给，让消化系统提前适应。能量胶几乎是纯单糖（碳水化合物最基本的单位），能迅速补充肌糖原的损耗，但对消化系统的刺激很大。

6. 每两周至少 1 次“背靠背”长距离训练

连续两天，每天保持超过 15 公里的跑步强度，能提高身体耐疲劳和恢复能力。

7. 一定要有合脚的越野跑鞋

越野跑鞋和公路跑鞋最大的区别在于防滑性能的提高，以及鞋面四周的防撞处理。

如果按照以上的标准执行，第一场 50 公里的超级越野赛，可以顺利完成。

马拉松比赛后如何恢复?

马拉松赛后恢复，从冲过终点那一刻就已经开始了。

1. 保暖和能量补充

停止跑步后，身体会感觉到冷，此时注意保暖有助身体恢复。完赛后应该立刻补充能量，一般情况，完赛包中都有牛奶、能量饮料、面包，你也可以自备能量棒、巧克力等食物补给。如果有条件，最好用热水冲泡牛奶巧克力饮品，其中所含蛋白质、脂肪和碳水化合物有助赛后恢复。

2. 冷水浴

冷水浴是消除身体过度疲劳导致炎症的最简单的方法。冷水浴后小睡一会儿便可以散散步、看看风景，尽量不要久坐不动或乘坐汽车，妨碍血液循环，这不利于身体恢复。

3. 赛后 1—3 天

暂停跑步训练，每天适当拉伸放松肌肉、筋膜和韧带；饮食应搭配水果、乳制品、海鲜，大量的蛋白质和碳水化合物也有利于肌肉恢复，维生素 C 和不饱和脂肪酸则可以提高免疫力。

4. 赛后 4—7 天

可以恢复简单的训练，强度控制在无压力的放松跑，继续保持健康饮食，也可以利用按摩加速恢复。

5. 比赛结束 1 周后

继续保持健康饮食，注意休息，以每周 20% 的速度逐渐恢复训练量，在此期间可以用骑行或游泳等交叉训练保持心肺强度。

比赛结束 1 个月后，基本可以恢复正常训练，进入下一备战周期。

如何在跑步中冥想?

跑步素有“移动瑜伽”的称号,因此在跑步中实现冥想,是有可能的。

1. 找到注意力集中点

跑动中腹部的起伏、呼吸系统的感受、当时所处的环境、肌肉的酸痛、脚掌触地的感觉、脑海中的画面……都可以作为注意力集中点。

2. 慢入状态

在开始跑步的 15—20 分钟，身体和精神都要适应跑步的状态，所以不必强行逼迫自己一开始就进入冥想状态。

3. 自我提示

当身体和精神已经适应跑步状态后，提示自己将注意力集中在先前选定的焦点上。

4. 不要与自己对话

不要在脑海里用语言描绘感受，专注于你的焦点。

5. 学会调整

通常会不定时出现注意力转移的情况，不用慌张，重新关注你选择的焦点即可。

6. 享受愉悦

最开始控制注意力是很困难的事情，但逐渐习惯后，你会从中获得愉悦感。

如果从冥想信号开始到最后结束，你觉得时间过得很快，就可以简单判断自己已经进入冥想状态了。

跑步时如何自拍?

基础技巧

（1）寻找合适的光源，避免直射光和逆光；

（2）45度角拍摄效果佳，根据透视原理，这样最显轮廓；

（3）必杀技：仰拍显脸窄。

进阶技巧

掌握一定的修图技巧，例如：PC端可以使用美图秀秀和PS，手机端应用Snapseed、VSCO等。使用后期技术弥补先天条件不足，以及拍摄过程中的光线和角度不佳问题。

终极秘技

出奇制胜，通过着装、造型和拍摄姿势的变换，制造特殊效果。例如用Gopro的广角镜头拍出画面中心放大的畸形照，如果人物位置选择恰当，可以拍得很有意思。通过姿势吸引焦点，可根据环境充分发挥想象力。

在掌握基本的光学原理后，学会充分利用器材以及现场环境，发挥创意，可以拍出很好的照片。

最后，注意凸显你的长处，如果你的跑步姿态非常好看，可以从侧面拍摄运动中的姿态。

2017 年全球

最值得跑的超马越野赛

赛事推荐

中国香港　Vibram® Hong Kong 100　1月14日

亚洲最经典的超马越野赛之一，UTWT 超级越野跑世界巡回赛其中一站，更是内地跑步爱好者 100 公里启蒙赛事。比赛起点位于西贡北潭涌，路线复制麦理浩径，途经香港最高峰大帽山，终点位于大帽山以西 4 公里处。所有爬升几乎都位于后半程，全程累计爬升 4500 米，比赛难度不大。

新西兰　Tarawera Ultramarathon　2月11日

南半球体验最好的超马越野赛，UTWT 超级越野跑世界巡回赛其中一站。全程累计爬升 2755 米。每年比赛规模在 1000 人左右，报名开始名额便会被迅速一抢而一空！比赛起点拱门，毛利人跳起原始的战舞，祝福即将踏上征程的战士。

西班牙　Transgrancanaria HG　2月24日

创办于 2003 年，UTWT 超级越野跑世界巡回赛其中一站。在大加那利岛举办，全程 125 公里，累计爬升超过 8000 米，几乎穿越整个岛屿。大加那利岛无论风景还是地形，都以变化众多著称。此赛事称得上超马越野赛中的“米其林”，值得你特意安排一次越野兼旅行。

摩洛哥　Marathon des Sables　4月7日

最老牌的分段多日赛，UTWT 超级越野跑世界巡回赛其中一站。国内越野跑爱好者称之为“地狱马拉松”，选手要在 6 天内完成 250 公里全部赛程。由于当地炎热的气候，以及自行携带全部食物和比赛必需品的规定，让比赛异常困难。3200 欧元报名费中包含一项尸体运送费，可见“地狱”的名头并非虚有。

葡萄牙　Madeira Island Ultra Trail　4月22日

此赛事是 UTWT 超级越野跑世界巡回赛第五站。全程 115 公里，起点位于莫尼什港中心，终点是马希库广场，全程累计爬升 7000 米，途经全世界最长的人造水渠。赛事地点马德拉岛是位于大西洋中心的火山岛，隶属葡萄牙，是令三毛流连忘返的地方，也是足球明星 C 罗成长的地方。

中国　柴古唐斯－括苍山越野赛　4 月 22 日

国内超马越野赛圈少有的品牌赛事，由著名越野跑者蔡宇创立，比赛地点位于浙江省宁波市临海县。该比赛外号“拆骨躺尸”，98% 的原生土石路面是对参赛选手的真正考验。2017 年，该比赛将设置 100 公里的组别。

纳米比亚　Sahara Race　4 月 30 日

多日分段赛的另一代表赛事，奔跑在撒哈拉沙漠的超马越野赛。由知名越野赛组织机构“极地长征”创办，是“4 Deserts”（四大沙漠）其中一站。比赛地点选在约旦境内撒哈拉沙漠，全程 250 公里，需要选手在 7 天内完成。

中国　TNF 100　5 月上旬

中国内地越野跑发展的起点。2009 年，在北京昌平区，TNF 100 首次举办，成为中国内地首个 100 公里级别的超马越野赛。2016 年 TNF 100 比赛起点位于狂飙乐园，途经阳台山顶、摩崖石刻、香炉峰、好汉坡等北京周边最经典路线，全程累计爬升不过 5500 米。

澳大利亚　Ultra-Trail® Australia　5 月 20 日

UTWT 超级越野跑世界巡回赛其中一站，比赛地点位于澳大利亚著名的蓝山国家森林公园，全程 100 公里，累计爬升不过 4400 米，算是 100 公里入门级别超马越野赛。蓝山国家森林公园独一无二的风景，让 Ultra-Trail® Australia 受到世界各地跑者青睐。

中国　Gobi March　6 月 18 日

极地长征“4 Deserts”其中一站，比赛地点位于中国戈壁，规则与“4 Deserts”其他比赛一致。中国戈壁同样是地球最极端沙漠环境之一，在沙砾、狂风中奔跑是这场比赛最大的体验点。

意大利　The North Face® Lavaredo Ultra-Trail®　6 月 23 日

意大利阿尔卑斯山脉不能错过的超马越野赛。全程 119 公里，起点位于 Cortina 小镇中心，途经著名的 Tre Cime di Lavaredo（意大利语意为三座山峰），累计爬升 5850 米。受 Domolite 山区多变的气候影响，比赛中选手需要经历 -5℃到 30℃以上的温差跨越。

法国　Mont Blanc Marathon　6 月 23 日

典型的天空跑比赛，全程 80 公里，比赛起点在美丽的霞慕尼小镇。天空跑的主要特点是赛道海拔高，虽然没有特别剧烈的爬升，但技术难度极高，危险程度也成倍增加。勃朗峰马拉松的 80 公里赛道将天空跑的特点彰显到极致，是获得“跑向天空”独特体验的终极挑战赛事。

美国　The Western States 100 Mile Endurance Run　6 月 24 日

全世界现代超马越野赛的鼻祖，创立于 1974 年。全程累计爬升 5500 米，总下降 7000 米，参赛选手需要面临的最大考验是高温天气。该比赛拥有美洲越野赛的典型特点：400 人的超小参赛规模、极简的补给站风格、相对平坦的赛道、复杂又严苛的抽签制度。

美国　Styr Labs Badwater 135　7 月 10 日

大名鼎鼎的恶水超马，该比赛被称为“地球上最虐的超级马拉松赛”，赛道从北美大陆最低点死亡谷到北美大陆最高点（除阿拉斯加）惠特尼山，全程 217 公里，沿途最高气温可达 50℃，最低气温可降到 0℃以下。48 小时内完赛可获得腰带扣，60 小时内完赛有完赛 T 恤。

美国　Hardrock 100　7 月 14 日

1992 年，为纪念圣胡安地区淘金热时的辉煌而诞生。全程 100 英里，起点和终点位于西尔弗顿镇，基本环绕圣胡安山脉一圈，累计爬升 10000 米左右，途经 13 座海拔高度 3700 米以上的山峰，最高点海拔 4281 米。该赛事每年限制 140 位参赛选手名额，还没有中国大陆选手踏上这片赛道。

瑞士　Eiger Ultra-Trail®　7月15日

UTWT 超级越野跑世界巡回赛其中一站，比赛全程 101 公里，累计爬升 6700 米，赛道以经典的艾格峰徒步路线为基础，穿越著名的艾格北壁到达终点。该赛事举办地区见证了登山运动的黄金时代和白银时代。如果你偏爱登山，想要挑战艾格北壁，或许可以把这场比赛当作前哨站。

美国　The Vermont 100 Endurance Race　7月15日

比赛创立于 1989 年，是美国超马越野赛四大满贯之一，全程 100 英里，累计爬升 4200 米，路线相对平坦且环境变化不大，是难度比较小的 100 英里超马越野赛。该比赛中最常出现的场景是参加骑马越野比赛的选手和参加超马越野比赛的选手共同出现。

美国　The Wasatch Front 100 Mile Endurance Run　8月9日

1980 年创办，现已成为与西部 100 并列的超马越野赛，是美国超马越野赛四大满贯之一。全程 100 英里，累计爬升 8000 米以上，沿途海拔最高点为 3200 米，比赛地点位于落基山脉风景最美的 Wasatch 地区，该比赛强调难度，口号是“在 100 英里中体验天堂和地狱”。

美国　Leadville Trail 100 Run　8月19日

美国超马越野赛四大满贯之一。全程 100 英里，50 英里往返，累计爬升 5500 米，沿途最低点海拔 2800 米，最高点海拔更是达到 3840 米，与其标语“The Race Across the Sky”很相称，完全够得上天空跑级别。该赛事见证了“天生就会跑”主角——塔拉胡马拉族人的神奇能力。

法国、意大利、瑞士　UTMB　8月28日

UTWT 超级越野跑世界巡回赛其中一站。全程 100 英里，累计爬升超过 10000 米，以勃朗峰徒步路线为基础，分设几乎覆盖所有水平的越野跑组别赛事，各种沙龙和展销会让参赛选手的家属也可参与其中。该赛事对全世界的越野跑爱好者有致命吸引力，是众多越野跑爱好者的终极梦想。

日本　Ultra-Trail® Mt.Fuji　9 月下旬

UTMB 的姊妹赛事，亚洲顶级超马越野赛。全程 100 英里，累积爬升 8400 米，起点位于河口湖附近，逆时针绕行富士山一周。因为距离中国较近，是中国越野跑爱好者参加 100 英里超马越野赛的首选。

智利　Atacama Crossing　10 月 1 日

极地长征“4 Deserts”其中一站，比赛地点位于智利阿塔卡玛沙漠，这里是世界上最干燥的沙漠，曾一度被称为“地球上的火星”，规则与“4 Deserts”其他比赛一致。

中国　宁海越野挑战赛　10 月中旬

该赛事有原始的赛道、极佳的风景、热情的志愿者，以及最有仪式感的终点线。赛道途经浙东大峡谷、白溪水库与清浑两溪徒步线路，长年云雾缭绕。宁海越野挑战赛终点以鲜花和象征越野跑的牛铃迎接选手，让选手拥有完美的完赛体验。

法国　La Diagonale des Fous　10 月下旬

全程 100 英里，累计爬升 10000 米左右，难度超乎想象，比赛别称“傻瓜的对角线”，意指傻瓜才会参加。赛事横穿留尼汪岛，选手能体验到“一半是海水，一半是火焰”的特别感觉。岛上有近三万华裔，风俗习惯接近中国广东和福建，这对中国越野跑爱好者同样具有吸引力。

图书在版编目（CIP）数据

跑到最后是飞翔：我的跑步生活 / 关雅荻等著.
—南京：江苏凤凰文艺出版社，2016
ISBN 978-7-5399-9637-0

Ⅰ.①跑… Ⅱ.①关… Ⅲ.①跑-健身运动 Ⅳ.
①G822

中国版本图书馆CIP数据核字(2016)第216805号

书　　名	跑到最后是飞翔
著　　者	关雅荻　等
责任编辑	孙金荣
策划出品	天生勇气
策划编辑	杨涵丽
文字校对	孔智敏
封面设计	卓义云天
版面设计	李　亚
出版发行	凤凰出版传媒股份有限公司 江苏凤凰文艺出版社
出版社地址	南京市中央路165号，邮编：210009
出版社网址	http://www.jswenyi.com
经　　销	凤凰出版传媒股份有限公司
印　　刷	北京市雅迪彩色印刷有限公司
开　　本	700毫米×1000毫米　1/16
印　　张	20
字　　数	228千字
版　　次	2016年12月第1版　2016年12月第1次印刷
标准书号	ISBN 978-7-5399-9637-0
定　　价	49.80元

FONGHONG
凤凰联动出品